Entdecke die Sprache aller Babys

Priscilla Dunstan, Vivian König, Dunstan Baby Pty Ltd (Hrsg.)

Dunstan Babysprache

Zwergensprache GmbH

Impressum

Übersetzung aus dem Englischen sowie inhaltliche Überarbeitung und Erweiterung von Vivian König. Für die fachliche Beratung und Durchsicht danken wir ganz herzlich Christine Schauer, Hebamme aus Bad Heilbrunn, Dr. Camilla Leithold, Ernährungswissenschaftlerin aus Erfurt und Linda Walther, Ergotherapeutin aus Chemnitz.

Bibliografische Informationen der Deutschen Nationalbibliothek
Die Deutsche Nationalbibliothek verzeichnet diese Publikation in der Deutschen Nationalbibliografie; detaillierte bibliografische Daten sind im Internet abrufbar unter http://dnb.d-nb.de.
ISBN 978-3-9815805-9-4
Alle Angaben in diesem Buch erfolgen trotz sorgfältiger Bearbeitung ohne Gewähr.
Eine Haftung der Autorinnen oder des Verlages ist ausgeschlossen.
Sollte diese Publikation Links auf Webseiten Dritter enthalten, so übernehmen wir für deren Inhalte keine Haftung.

1. Auflage 2024

www.zwergensprache.com
www.dunstanbabysprache.com

Um den Textfluss nicht zu stören, wurde zumeist das generische Maskulinum verwendet.
Selbstverständlich sind in diesen Fällen immer alle Geschlechter gemeint.

Lektorat: Kristin Locker, Argwohn GbR
Umschlaggestaltung und Satz, Druck und Bindung: Gutenberg Verlag und Druckerei GmbH, Leipzig
Printed in Germany

Inhaltsverzeichnis

Willkommen!

Liebe Eltern,

Priscilla Dunstan

herzlichen Glückwunsch zu eurem neugeborenen Baby! Auch wenn die ersten vier gemeinsamen Monate phasenweise immer wieder neue Herausforderungen bringen, so werdet ihr bald auf diese Zeit als eine der wunderbarsten und erfüllendsten eures Lebens zurückblicken.

Das beständigste Thema beim Elternsein ist, dass Beständigkeit meist nur kurze Zeit andauert. Während euer Baby wächst, verändern sich seine Bedürfnisse und es ändert sich auch die Art, wie es diese kommuniziert. Vielleicht hast du von den „3-Monats-Koliken" oder der „4-Monate-Schlafregression" gelesen oder von anderen Schwierigkeiten in dieser Phase.

Diese Dinge passieren. Aber sei versichert, auch sie werden vorbei gehen. Mithilfe dieses Ratgebers können wir daran arbeiten, den aus solchen Problemen resultierenden Stress im Familienalltag zu minimieren.

Du wirst sehen, dass die Art und Weise, wie Babys dir ihre Bedürfnisse mitteilen, mit der Zeit immer differenzierter wird.

- Dieses Buch ist für dich, wenn du im Dunstan Elternkurs warst und nun noch tiefer einsteigen möchtest in das, was der Babyalltag an bedürfnisbasierten Kommunikationsmomenten bereithält.
- Dieses Buch ist auch für dich, wenn du in der Neugeborenenphase einen guten kleinen Schläfer hattest und euch nun plötzlich das Thema Schlaf wortwörtlich den Schlaf raubt.

Dieser Wegweiser will dir Orientierung geben und dir helfen, dich auf die kommenden Wochen und Monate vorzubereiten. In diesen wird dein Baby große Sprünge machen – vorallem in seiner Gehirnentwicklung. Diese Veränderungen sind mit die bedeutendsten in seinen ersten zwei Lebensjahren.

Die Ziele dieses Buches sind:
- dir zu helfen, dein Baby verständnisvoll durch diese schöne, aber auch herausfordernde Zeit seiner Entwicklung zu begleiten.
- den Nachtschlaf weiter zu verbessern.
- dich für die Monate, die vor euch liegen, auf Kurs zu bringen.

Wo auch immer euch eure Reise hinführen wird, danke für dein Vertrauen in mich und in die Dunstan Babylaute als Navigationshilfe durch die ersten vier, fünf Monate mit deinem Neugeborenen!

Die fünf Dunstan-Laute im Überblick

Bauchweh

Wenn dein Baby den „Eärh“-Laut sagt, kannst du ihm z.B. durch Abhalten, kreisende Beinbewegungen, bestimmte Haltegriffe oder sanfte Bauchmassagen helfen, die Luft herauszubefördern und seine Schmerzen zu lindern.

Bäuerchen

Der „Eh“-Ruf ist wichtig, um Perioden von langanhaltendem Weinen deutlich zu reduzieren. Bäuerchen machen bei „Eh“ hilft zu vermeiden, dass Luft in den Unterbauch gedrückt wird und Schmerzen verursacht.

Müdigkeit

Wenn du sofort auf Babys „Auw“-Laut reagierst und es altersgerecht in den Schlaf begleitest (bevor es übermüdet und frustriert ist), können sich eure Nächte entspannen.

Hunger

Indem du deinem Baby gut zuhörst und es beim „Neh“-Laut stillst oder ihm die Flasche gibst, kannst du sicher sein, dass es die richtige Menge Nahrung für eine gesunde Gewichtszunahme bekommt.

Unwohlsein

Immer wenn dein Baby sich unwohl fühlt, wird es „Heh“ sagen. Das kann sich auf Temperatur, Lärm, Helligkeit Bewegungen oder Hautprobleme beziehen wie z.B. eine volle Windel oder Ausschlag

Bauchweh

Bäuerchen

Müdigkeit

Hunger

Unwohlsein

Scanne die QR-Codes für die Hörbeispiele!

Einführung in die fünf Dunstan-Laute

„Neh" – Hunger

„Neh" ist der Laut, den dein Baby macht, wenn es hungrig ist. Der Reflex, der den Laut „Neh" erzeugt, ist der Saugreflex. „Neh" bedeutet, dass dein Baby chemische Veränderungen in seinem Körper erfährt, die ihm mitteilen, dass sein Energielevel sinkt und es etwas zu Trinken braucht. Automatisch bringt es die Zungenspitze nach vorn, um die Brust zu stimulieren. Der Rest der Zunge ist ziemlich weit hinten, damit der Mund die Brust aufnehmen kann. Im Grunde ist es bereit, zu saugen. „Neh" ist der Laut, der dabei entsteht.

Probiere die Zungenstellung selbst aus und füge dann Ton hinzu. Aufgrund der strukturellen Unterschiede zwischen Erwachsenen und Babys ist es unmöglich, das Geräusch des Saugens eines Babys zu reproduzieren – Erwachsene haben Zähne und ihr Gaumen ist stärker ausgeprägt -, aber du wirst so etwas wie „Neh" hören. Das „N" steht für das Saugen und das „h" für die Luft, die über den Gaumen strömt.

Achte beim Baby darauf, dass der Mund halb geöffnet ist und sich die Zunge in einer Saugbewegung nach vorn bewegt. Vielleicht bemerkst du auch, dass dein Kind nach etwas sucht, an dem es saugen kann. Das „N" ist der wichtigste Teil des Lautes, denn es ist der Indikator für den Saugreflex. Das „N" unterscheidet den Laut von anderen Reflexlauten wie „Eh". Der Fokus auf das „N" ist auch deshalb wichtig, weil „Neh" zu „Nuh", „Noh" oder „Nah" verändert sein kann, je nachdem, in welcher Position sich dein Baby befindet. Oder es wird zu „Leh" bei zu kurzem Zungenband. Ob das Baby auf dem Rücken, auf dem Bauch oder auf der Seite liegt, hat ebenso Auswirkungen auf die Lautbildung, wie ob es gehalten oder geschaukelt wird.

Wenn du versuchst, ein weinendes oder unruhiges Baby zu trösten, und ein „N" hörst, weißt du, dass du nach Lösungen suchen musst, die dem Bedürfnis nach etwas zu trinken oder zu nuckeln entsprechen. Lass dich nicht davon täuschen, dass du vielleicht erst vor Kurzem gestillt hast. Wir neigen dazu, zu viel über das Thema „Milch geben" nachzudenken und haben Angst, zu oft oder zu wenig zu füttern. Höre auf dein Baby, ob es „Neh" sagt, und lass dich davon leiten.

Ein Baby könnte „Neh" sagen, weil es dehydriert ist. Dehydrierung kann jederzeit zwischen den Mahlzeiten auftreten. Wenn es ein heißer Tag ist oder dein Baby überhitzt ist, weil es sich unwohl fühlt oder zu dick angezogen ist, hat dein Baby natürlich Durst. Aber die Anzeichen für eine Dehydrierung sind nicht immer so offensichtlich.

Dein Baby verliert ständig Flüssigkeit durch Urinieren, Schwitzen, über die Lunge als Teil des Atmungsprozesses und über den Stuhlgang. Babys unter einem Jahr brauchen deshalb regelmäßig ausreichend Flüssigkeit. Sie zeigen sonst Hungeranzeichen und Unruhe. Achte auf die Signale deines Babys für Durst und Hunger, um Flüssigkeitsmangel vorzubeugen anstatt dich nach einem Zeitregime zu richten.

Ein Baby kann auch „Neh" sagen, weil es hungrig ist, selbst wenn du es gerade gefüttert hast. Der Nährstoffbedarf deines Babys schwankt stark von Tag zu Tag: Ein Zeitraum von drei bis vier Stunden zwischen den einzelnen Mahlzeiten kann an einem Tag nicht ausreichen, um es mit dem Nötigsten zu versorgen, an einem anderen Tag kann es zu viel sein. Da die Muttermilch dem Baby auch Stoffe zur Stärkung seines Immunsystems liefert, wird ein Baby, das eine Infektion bekämpft, häufiger trinken wollen.

Manche Babys nuckeln einfach gern, um sich zu beruhigen. Nicht alle Babys haben dieses Bedürfnis, aber wir wissen, dass viele Babys im Mutterleib am Daumen lutschen. Es ist ganz natürlich, dass diese Babys auch außerhalb des Mutterleibs nuckeln wollen. Wenn dein Baby „Neh" sagt und du es fütterst, aber feststellst, dass es keine Milch annimmt, kannst du ihm etwas anderes zum Nuckeln anbieten. Verwende einen Schnuller aber erst, wenn sich das Stillen etabliert hat und nicht mehr mit einer Saugverwirrung zu rechnen ist. Alternativ kannst du dem Baby deinen kleinen Finger anbieten.

Das „Neh" ist also ein Hinweis auf die einzigartigen und wechselnden Bedürfnisse und den Rhythmus deines Babys. Dein Baby wird diesen Laut machen und ihn so lange wiederholen, bis sein Bedürfnis gestillt ist. Wenn du in seiner Nähe bist und sein erstes „Neh" hörst, wird es sehr klar und eindeutig sein.

Je später du auf der Bildfläche erscheinst, nachdem bei deinem Baby der Saugreflex eingesetzt hat, desto häufiger wird es den Laut zwar wiederholen, aber desto undeutlicher wird er. Zuerst wirst du „Neh" hören. Dann hörst du „Neh Neh" und dann „Neh Neh Neh Neh" und so weiter.

Nach einer Weile wird sich das „Neh" mit dem Weinen vermischen, das eine Art „Aah"-Laut ist. An diesem Punkt sind die Laute schwerer zu unterscheiden, aber immer noch zu hören. Im Grunde hört dein Baby nicht auf, diesen Laut zu machen – sein Saugreflex hört nicht auf zu funktionieren – bis sein Bedürfnis befriedigt ist.

Wenn dein Kind immer noch „Neh" sagt, nachdem du es gefüttert hast, und du keine Idee mehr hast, wie du sein ständiges Saugbedürfnis stillen könnest, solltest du untersuchen, ob die Nahrung, die du ihm gibst – sei es Muttermilch oder Ersatzmilch -, tatsächlich genügend Nährstoffe liefert. Vielleicht saugt dein Baby sehr lange, nimmt aber nicht alles zu sich, was es braucht. Vielleicht werden die Nährstoffe, die du ihm gibst, vom Körper deines Babys nicht richtig verarbeitet, wie es bei einer Allergie oder Zöliakie der Fall sein kann. Vielleicht ist es bereit für erste feste Nahrung oder sogar bereit abgestillt zu werden. Du kannst mit deiner Hebamme oder dem Kinderarzt über andere Ernährungslösungen sprechen.

Wenn du den Laut „Neh" kennst, kannst du sicher sein, dass dein Baby dir sagt, wenn es Hunger hat.

Es kann sein, dass du sehr entschlossen sein musst, um das herauszufinden, denn viele Menschen, auch Ärzte, werden dir sagen, dass dein Baby nur Aufmerksamkeit sucht oder dass du seine Bedürfnisse falsch interpretierst.

Du kennst dein Baby. Jetzt kennst du den Laut, den dein Baby beim Saugen macht. Du weißt, dass es ein Reflex ist und kein bewusster Versuch, sich in Szene zu setzen. Mit deinem Wissen kannst du eine Lösung für die Nöte deines Babys finden.

Füttern ist eine Routine, kein Zeitplan

Viele Mütter und Babys haben Probleme mit dem Stillen. Ich denke, das hat oft mit Erwartungen an einen Zeitplan zu tun, die wir stillenden Müttern einreden. Zehn Minuten füttern, abnehmen, aufsetzen, Bäuerchen machen, an der anderen Brust füttern, wickeln, ins Bett bringen ... Wie gesagt, die Nahrungsaufnahme ist zwar eine Routine, aber kein Zeitplan.

Babys haben ihren eigenen Zeitplan, der sich mit ihrer Entwicklung und Reifung ändert.

Wenn du auf das „Neh" hörst, wirst du feststellen, dass dein Baby selbst entscheidet, wann es eine lange oder eine kurze Mahlzeit benötigt und wann es einen schnellen Nachschlag braucht. Dein Baby wird sein eigenes Muster und seinen eigenen Rhythmus entwickeln. Natürlich kann eine Routine um den Rhythmus herum entstehen, aber Rhythmen ändern sich. Also wird sich auch eure Routine ändern. Wir streben nach Routine, damit wir andere Dinge in unserem Leben erledigen können – einkaufen gehen, den Abwasch erledigen, die Wäsche zusammenlegen und so weiter.

Die Realität ist jedoch, dass sich nur wenige Babys gern an eine vorgegebene Routine halten. Wir müssen flexibel sein.

Mit „Neh“ die Brustseite wechseln

Es gibt unterschiedliche Meinungen darüber, welche Brust zuerst angeboten werden sollte und wann du deinem Baby erlauben solltest, von einer Brust zur anderen zu wechseln. Ich habe festgestellt, dass es am besten ist, sich von seinem Baby leiten zu lassen. Wenn es auf einer Seite keine Milch mehr hat, wird es „Neh“ sagen, und du kannst es dann an die vollere Brust legen. Du lernst, wann dein Baby nuckeln und nicht gefüttert werden möchte. Manche Babys bevorzugen es, zum Einschlafen an einem Schnuller, am Finger oder ihrem Daumen zu nuckeln, aber gemeinhin nur, wenn sie gut satt sind. Dies erkennst du daran, dass „Auw“ (müde) der erste und „Neh“ (Saugen) der zweite Laut ist.

Das Stillen hinauszuzögern, wenn ein Kind Hunger hat, wird nicht empfohlen, da dies am Anfang sowohl die Stillbeziehung als auch die Milchmenge negativ beeinflussen könnte.

Wenn das Stillen nicht gut klappt

Einige der Mütter, die zu mir kamen, hatten große Probleme mit dem Stillen. Oft hatten sie zu viel Milch, sodass sich ihre Kinder an dem schnellen Strom verschluckten. Bei anderen war der Milchfluss zu langsam. Die Babys wurden unruhig und konnten nicht mehr richtig trinken. Sie blieben hungrig und wurden vom Weinen müde. Wenn sie dann versuchten, wieder zu trinken, verschluckten sie Luft, was zu Blähungen führte. Wenn du Hilfe einer zertifizierten Stillberatung in

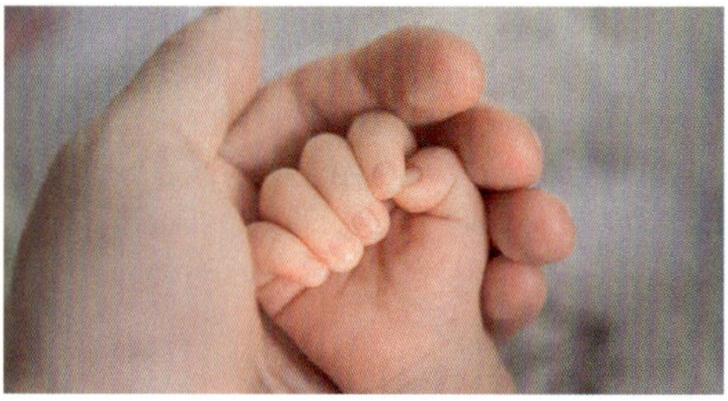

Anspruch nimmst und lernst, auf die Bedürfnisse deines Babys zu hören, kann dir das helfen, das Problem zu lösen. Letztendlich kann die Lösung darin bestehen, zu entscheiden, ob du weiter stillen möchtest. Bei meiner Arbeit mit Müttern habe ich festgestellt, dass diese Frage oft mit großer Angst verbunden ist.

In einer idealen Welt würde jedes Kind wenigstens in den ersten sechs Monaten gestillt werden oder solange es beide möchten. Aber das Stillen ist nicht für jede Mutter möglich, und nicht alle Mütter fühlen sich damit wohl. Am wichtigsten ist es, eine gute Bindung aufzubauen. Es ist jedoch schwer, die Verbindung zu seinem Kind weiter zu stärken, wenn man das Stillen hasst, es einem weh tut oder das Baby nicht richtig anliegt und so viel Unsicherheit entsteht.

Das Milchgeben mit der Flasche kann körperlich genauso innig sein, wenn du es auf die gleiche Weise wie beim Stillen machst. Du hältst dein Baby immer noch im Arm, du kuschelst immer noch mit ihm, es kann immer noch deine Haut riechen, und es kann dich immer noch berühren.

„Neh“ und der Milchspendereflex

Wenn du stillst, wirst du vielleicht bemerken, dass du einen Milcheinschuss bekommst, wenn dein Baby das Wort „Neh“ sagt. Vielleicht fällt dir auch auf, dass dies nicht der Fall ist, wenn dein Kind andere Laute sagt. Das bringt uns zu einem sehr wichtigen Thema: Viele der Mütter, die ich gesehen habe und die Probleme beim Stillen hatten, stellten fest, dass das Problem einfach darin bestand, dass ihr Säugling keinen Hunger hatte. Wenn dein Baby z.B. ein Bäuerchen machen muss und du versuchst, es zum Trinken zu bringen, wirst du bemerken, dass es nicht richtig an der Brust andockt. Und nicht nur das: Weil der Resonanzmechanismus im Körper der Mutter nicht auf das Füttern eingestellt ist, braucht es mehr Stimulation, um den Milchspendereflex auszulösen.

Indem du dann stillst, wenn sowohl dein Baby als auch du dazu bereit sind, vermeidest du viele der möglichen Andock- und Milchflussprobleme, die auftreten können.

Wann Bäuerchen machen

Manche Eltern haben die Praxis, nach der Hälfte einer Mahlzeit Bäuerchen machen zu lassen. Nachdem ich viele Mütter beobachtet habe, bin ich der Meinung, dass man das Kind weiter trinken lassen sollte, außer es löst sich allein von der Brust und sagt den Laut „Eh". Oft sehe ich Mütter, die ihr Kind von der Brust wegziehen und versuchen, ein Bäuerchen zu machen, wenn das Kind „Neh" für Hunger sagt. Das Baby wird dann unruhig, weil die Mutter versucht, ihm ein Bäuerchen zu entlocken, obwohl es gar nicht nötig ist. Handle immer nach dem Laut, der am häufigsten gesagt wird. Im Zweifelsfall lasse es aufstoßen. Andernfalls kann es sein, dass du den Bauch des Babys füllst, der halb voll mit Luft ist. So erhält dein Baby keine ausreichende Mahlzeit.

Susans Geschichte

Susans Baby Tilly schien nach dem Stillen neuerdings viel zu weinen. Susan hatte den starken Verdacht, dass Tilly durch das Stillen nicht genug Milch bekam.

Das bestätigte sich erst, nachdem sie den Laut „Neh" gelernt hatte. Susan konnte den Laut vor, während und nach dem Stillen hören. Um zu testen, was sie vermutete, nämlich dass Tilly mehr brauchte, als sie durch das Stillen bekam, gab Susan Tilly nach einer Mahlzeit eine Flasche Milchnahrung. Tilly trank die ganze Flasche leer.

Damit war für Susan die Entscheidung klar. Es war an der Zeit abzustillen. „In gewisser Weise war es gut, es von Tilly selbst zu hören", sagt Susan. „Ich fühlte mich nicht ganz so schuldig."

Jackies Geschichte

Jackie wuchs in einer Familie mit vier Kindern auf und hatte genug Tanten, Onkel und Cousins, um ein Fußballstadion zu füllen. Doch als Jackie schwanger wurde, stellte sie fest, dass sie seltsamerweise sehr wenig über die eigentliche Pflege von Babys wusste.

Sie war in ein anderes Bundesland gezogen, sodass sie weder ihre Mutter noch ihre Schwestern in der Nähe hatte. Stattdessen verließ sie sich auf renommierte Bücher, die ihr das nötige Wissen vermittelten. Das Problem war jedoch, dass sich ihr Sohn Connor überhaupt nicht an die Richtlinien in den Büchern hielt. Sein Tagesablauf schien völlig unberechenbar, und er weinte viel.

Jackie lernte das Dunstan System kennen, als Connor etwa sechs Wochen alt war und begann bald, das einzigartige Muster ihres Sohnes zu schätzen.
Da sie den Laut „Neh" kannte, wusste sie, dass er morgens gerne eine Mahlzeit zu sich nahm, zwei Stunden später eine weitere, recht große Mahlzeit, dann eine Pause von etwa fünf Stunden einlegte, bevor er später am Tag zwei Mahlzeiten kurz hintereinander bekam. Conor hatte geweint, weil er die zweite Mahlzeit am Morgen und auch die später am Tag verpasst hatte.

Sobald sie Connors Rhythmus herausgefunden hatte, konnte sie in den fünf Stunden andere Dinge erledigen.

Stillpositionen

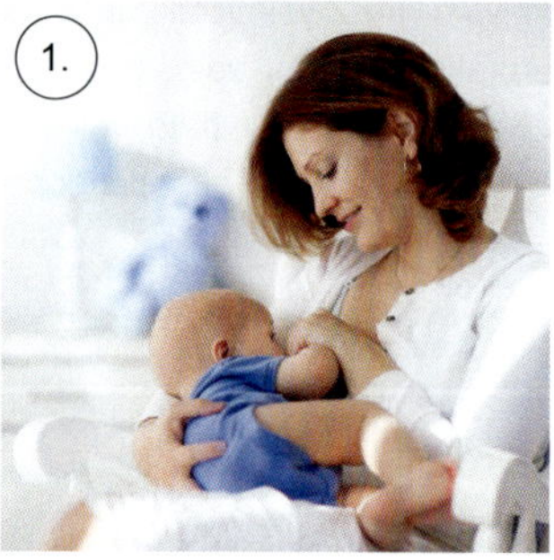

Für die meisten Frauen ist **aufrechtes Sitzen** die praktischste Art, ihr Baby zu stillen, und es kann überall gemacht werden. Setze dich aufrecht in einen bequemen Stuhl, der eine gute Rückenstütze hat, oder stütze dich im Bett mit vielen Kissen ab. Lege ein Kissen auf deinen Schoß, um das Gewicht des Körpers deines Babys abzufangen. Umschließe deine Brust mit einer Hand so, dass sie sich der Mundform deines Babys anpasst. Die sanfte Modulation der Brust kann es deinem Baby erleichtern, gut anzudocken. Ohne sich nach vorn zu beugen, bringe dein Baby nahe an deine Brust heran, sodass sein Kinn an der Brust und seine Zunge unter der Brustwarze liegt. Wenn es ein Neugeborenes ist, stütze seinen Po sowie seinen Kopf und Hals. Berühre die Lippen deines Babys mit deiner Brustwarze, damit es seinen Mund öffnet. Warte, bis sein Mund weit geöffnet ist, führe dann dein Baby zu deiner Brust. Du weißt, dass du dein Baby gut angelegt hast, wenn du sehen kannst, dass sein Kiefer weit geöffnet ist und es den Mund voll mit Brust hat. Es „melkt“ die Brust richtig, wenn du beobachtest, dass seine Kiefermuskeln gut arbeiten und seine Schläfen sich bewegen.

Das **Stillen im Liegen** kann gut funktionieren, vor allem, wenn du dich von einem Kaiserschnitt erholst oder nicht mitten in der kalten Nacht aufstehen und dich in einen Sessel setzen möchtest. Suche dir eine bequeme Position und lege dein Baby neben dich, sodass sein Kopf zu deiner Brust zeigt. Vermeide es, dich auf einen Ellbogen zu stützen, da dies das Anlegen deines Babys erschweren kann. Stütze deine Brust so ab, wie du es im Sitzen tun würdest. Drücke deine Brust mit dem Daumen leicht in eine günstigere Form, wenn du das Gefühl hast, dass dies deinem Baby hilft. Halte dein Baby nahe bei dir und berühre seine Lippen mit deiner Brustwarze, um es zu ermutigen, den Mund zu öffnen. Warte, bis sein Mund weit geöffnet ist, und führe dann dein Kind zu deiner Brust.

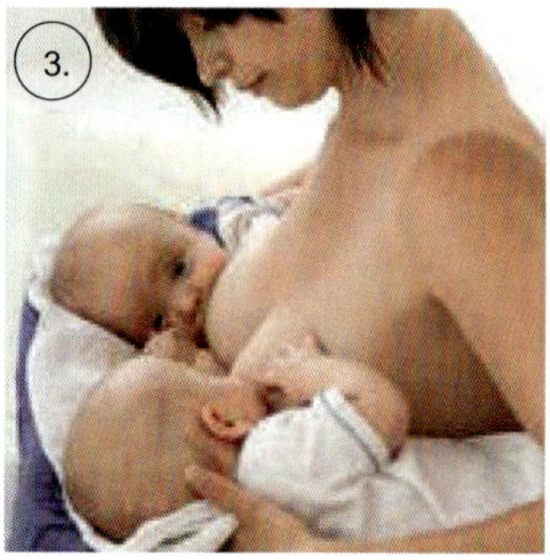

Diese Position habe ich bei meinem Sohn Tomas gelernt und später entdeckt, dass sie von der Weltgesundheitsorganisation empfohlen wird. Sie wird für Frauen mit Zwillingen, mit verstopften Milchgängen oder Schwierigkeiten beim Anlegen des Babys angeraten. Setze dich bequem auf einen Stuhl, und lege ein Kissen auf deinen Schoß, um dein Baby zu stützen. Wiege dein Baby mit dem Arm, der der Brust am nächsten ist, an der du es stillen willst. Wenn es sich beispielsweise um deine linke Brust handelt, stütze den Kopf und den Körper deines Babys mit deinem linken Arm. Kitzele die Lippen deines Babys mit deiner Brustwarze und warte, bis es darauf reagiert, indem es seinen Mund weit öffnet. Führe seinen Mund zu deiner Brust.

„Auw“ – Müdigkeit

„Auw“ ist der Laut, den dein Baby macht, wenn es müde ist. Der Reflex, der den Laut „Auw“ erzeugt, ist ein Gähnen. Die Forscher sind sich noch nicht ganz im Klaren darüber, warum Menschen – oder auch Tiere – gähnen, aber sie wissen, dass Gähnen ein Zeichen von Müdigkeit und wahrscheinlich auch ein allgemeines Zeichen für wechselnde Wachheitszustände ist. Wir gähnen, wenn wir aufwachen und wenn wir uns langweilen. Durch das Öffnen des Kiefers, die Bewegung der Zunge und das Ausdehnen und Zusammenziehen des Zwerchfells beim Gähnen entsteht der Laut „Auw“.

Da das Gähnen zu den Reflexen gehört, die sich nicht abschalten lassen, kannst du das Geräusch selbst hören, wenn du gähnst. Wahrscheinlich wirst du sogar ein- oder zweimal gähnen, wenn du das hier liest. Achte also auf das Geräusch, das du machst und berücksichtige dabei die Unterschiede zwischen dem Mund eines Babys und dem eines Erwachsenen.

Wenn dein Baby zappelig wird, ist es eigentlich schon übermüdet. Wenn du dein Kind beim Laut „Auw“, der normalerweise vor der Zappelphase zu hören ist, in den Schlaf begleitest, musst du nicht mühsam versuchen, ein übermüdetes Kind zu beruhigen. Denn genau wie bei uns ist es schwieriger einzuschlafen, wenn man die Müdigkeitsschwelle überschritten hat. Säuglinge gähnen viel häufiger als Erwachsene. Ihr Gähnen ist nicht unbedingt so offensichtlich wie das eines Erwachsenen, deshalb kann „Auw“ ein sehr leises Geräusch sein, das in einem lauten Haushalt leicht überhört wird. Ein Baby kann anfangs sehr leise „Auw“ sagen. Wenn es nicht gehört wird, fängt es an zu wimmern, und die Töne des Jammerns vermischen sich mit dem „Auw“- Laut. Wenn sein Bedürfnis immer noch nicht gestillt wird, beginnt es zu weinen. Wie bei den anderen Lauten ist das „Auw“ dann immer schwerer herauszuhören, wenn dein Kind schreit.

Es ist wie bei den anderen Reflexlauten wichtig, dass du versuchst, den Laut zu erfassen, bevor er Teil eines Schreis wird.

Zu Beginn meiner Versuche mit dem Klassifizierungssystem der Dunstan Babysprache sagte mir eine Frau namens Fatima, dass die Kenntnis des „Auw“-Lautes ihr Leben verändert habe. Sie sagte, sie habe nie genau gewusst, wann ihr Sohn müde war, und dass sie oft das Gefühl hatte, dass er bereits übermüdet war, wenn sie herausfand, dass er schlafen musste. Sie musste ihn bis zu einer Stunde lang wiegen oder streicheln. Er wachte oft genau dann auf, wenn sie auf Zehenspitzen aus dem Zimmer schlich. Sie sagte, das habe sie furchtbar frustriert und das Einschlafen ihres Babys wurde so zu einer lästigen Pflicht, die sie fürchtete.

Als sie entdeckte, dass der Laut „Auw“ bedeutete, dass ihr Baby müde war, konnte sie es intuitiver begleiten, in sein Bettchen legen, und es schlief innerhalb von zwei Minuten ein.

Ich habe im Laufe der Jahre viele ähnliche Geschichten wie die von Fatima gehört. Die meisten von uns waren schon einmal in der gleichen Situation wie sie: Wir raten, ob unsere Babys müde sind und wiegen und streicheln sie dann endlos, und dann wacht das Baby auf, wenn wir aus dem Zimmer schleichen. Wir verlieren oft das Vertrauen in unsere Fähigkeit zu wissen, was unser Kind braucht, um ihm dann das zu geben, was es benötigt. Zu wissen, dass man auf den Laut „Auw“ hören muss, macht so einen großen Unterschied im Leben der Eltern. Es hat einen unglaublichen Effekt, wenn man ein Baby zum Schlafen bringt, bevor es übermüdet ist und die Eltern überfordert sind. Das Baby schläft ruhiger, und weil es ausgeruht ist, trinkt es besser, ist insgesamt zufriedener und die Eltern sind gelassener. Das Ganze ist ein Kreislauf, der sich leicht verbessern lässt, wenn man früh erkennt, dass das Baby müde ist.

Für viele Eltern stellt sich nicht nur die Frage, wie sie ihr Baby zum Einschlafen bringen, sondern auch, wie sie es zum Durchschlafen bringen können. Meine Antwort darauf ist, dass das Baby zumindest in den ersten Monaten bei dir im Zimmer sein sollte. Eine akustische Einschlafhilfe mit weißem Rauschen ist evtl. ebenfalls eine gute Investition, um eine gebärmutterähnliche Umgebung im Zimmer zu schaffen.

Vielen Eltern wurde beigebracht, das Baby nicht im selben Raum zu haben. Das würde es verwöhnen. Die Wahrheit ist, dass die Nähe zu den Eltern, ihre Gespräche, der Rhythmus ihrer Atmung eher der Gebärmutter entspricht und so zur Beruhigung beiträgt.

Wenn dein Baby nachts im selben Raum ist, kannst du die Laute hören, die es sagt, bevor sie Teil eines verzweifelten Schreis werden. Wenn seine Windel gewechselt werden muss, wenn es ein Bäuerchen machen muss, wenn es eine kleine Milchmahlzeit oder etwas zum Nuckeln braucht, hörst du es, wenn das Baby noch schläfrig ist. Du kannst ihm geben, was es braucht, und es schläft schnell wieder ein.

Wenn dein Baby schreien musste, um seinen Bedürfnissen Gehör zu verschaffen, ist es weniger gut in der Lage, wieder einzuschlafen.

Eltern berichten mir von zusätzlichen Vorteilen, die es für sie hat, wenn das Baby im selben Zimmer liegt. Der Elternteil, der sich um das Baby kümmert, muss nicht so wach werden, wie wenn er aus dem Bett aufstehen und in ein anderes Zimmer gehen muss. Vermeiden lässt sich das völlige Aufwachen natürlich nicht, wenn das Baby mit der Flasche gefüttert wird. Mütter sagen auch, dass sie es weniger einsam finden, wenn sie neben ihrem Partner im Bett stillen, und dass sie ein stärkeres Gefühl von Familie haben.

Das Schöne daran, den Laut „Auw“ zu kennen und ihn als Entscheidungsgrundlage dafür zu verwenden, wann dein Baby ins Bett gebracht wird, ist, dass du weißt, dass du deinem Baby genau das gibst, was es als Individuum in Bezug auf ausreichenden Schlaf braucht. Auch die Eltern brauchen genügend Schlaf, genauso wie ihr Baby.

Die meisten Eltern nutzen die Zeit, in der ihr Baby schläft, um Hausarbeiten zu erledigen. Dabei ist es viel wichtiger, dass sie in dieser Zeit möglichst auch ihren Schlaf nachholen. Indem die Eltern die Möglichkeiten parallel mit dem Baby zu schlummern, nutzen, können sie ihre Ressourcen häppchenweise regenerieren. Unser Gehirn steuert Schlaf und Emotionen in demselben Bereich. Wenn Eltern sich dauerhaft entkräftet und überfordert fühlen, ist dies ein Nährboden für ungewollte Reaktionen. Wenn dein Baby einschläft, solltest möglichst auch du dich ausruhen.

„Auw“ frühzeitig zu erkennen, kann dem Schlafproblem den Schrecken nehmen und das Einschlafen zu einem sanfteren, natürlicheren Prozess machen, anstatt zu einem großen Kampf, das es in vielen Familien ist. Wenn Eltern den richtigen Zeitpunkt zum Hinlegen ihres Babys leichter erkennen, wirkt sich das auch auf ihren Erziehungsstil aus und darauf, wie viel Freude sie an ihrem Kind haben. Dein Baby zum Einschlafen zu bringen, muss nicht in Frustration und Verzweiflung enden. Du musst euer Baby nicht allein lassen, damit es sich in den Schlaf weint. Und du musst deinem Leben keine Routine aufzwingen, die dein Leben bestimmt und dich einschränkt. Alles, was du tun musst, ist zuhören.

Wiegen, Streicheln und Nuckeln

Natürlich ist „Auw“ kein Zauberwort. Viele Babys kämpfen gegen den Schlaf an, egal wie schnell man erkennt, dass sie müde sind. Wiegen, Streicheln, etwas zum Nuckeln geben sind oft die besten Techniken um diese Babys zu beruhigen. Eltern werden jedoch feststellen, dass es nicht so lange dauert, bis das Baby einschläft, wenn sie früh genug reagiert haben.

Schlafen in aufrechter Position

Wie du im Abschnitt über den Laut „Eh" lesen wirst, kann bei Säuglingen, die zu Luftblasen neigen oder die durch eine Erkältung eine verstopfte Nase haben, das aufrechte oder halb aufrechte Einschlafen die Symptome lindern. Um eine vollständig vertikale Schlafposition für dein Baby zu schaffen, kannst du es mit dem Kopf aufrecht auf deiner Brust tragen oder es in eine korrekt angelegte Tragehilfe nehmen.

Eine andere Möglichkeit ist die Verwendung einer Matratze im Kinderbett, die etwas nach oben gekippt werden kann. Einige Kinderbetten bieten diese Option. Andernfalls kannst du ein Kissen oder einen Ordner unter ein Ende der Matratze legen. Achte aber darauf, dass zwischen dem Ende der Matratze und dem Ende des Betts keine Lücken sind. Selbst ein Neugeborenes kann in eine solche Lücke geraten und ersticken.

Eine beruhigende Wirkung auf das Baby hat neben dem aufrechten Tragen Herz an Herz auch Taurin. Das ist eine Aminosäure, die alle Säuglinge benötigen. Sie ist sowohl in der Muttermilch als auch in Milchersatznahrung enthalten. Taurin ist für die Entwicklung einer Reihe von kindlichen Körperfunktionen unerlässlich, unter anderem für das zentrale Nervensystem.

Umgang mit Schlafmangel

Schlafmangel ist ein sehr reales Problem für Babys. Wenn du über einen längeren Zeitraum Probleme hattest, dein Baby zum Schlafen zu bringen, wird eine einzige Nacht nicht ausreichen, um den Schlafmangel wieder auszugleichen. Der Entzug summiert sich, und es dauert eine Weile, bis die Auswirkungen abklingen. Es ist gut, wenn man sich angewöhnt, auf die ersten „Auw"-Laute zu achten und sofort darauf zu reagieren.

Je öfter du zuhörst, desto leichter fällt es dir, die Laute zu hören, und desto öfter wirst du dein Baby zum Einschlafen bringen können, bevor es übermüdet ist und nicht mehr einschlafen kann. Dies ist sehr wichtig. Das Gehirn verarbeitet den Schlaf im selben Bereich wie die Stimmung. Frust und angehäufter Schlafentzug gehen Hand in Hand und können auch bei Babys durch den Stress Spuren hinterlassen. Stress hat bei Säuglingen negative Auswirkungen auf die Gehirnentwicklung und kann zu schlechterer Ernährung, verzögerter Entwicklung, Bindungsstörungen sowie zu einer Reihe von weiteren Problemen führen.

Lass dein Baby wieder einschlafen

Wenn dein Baby nur kurz geschlafen hat und wieder aufwacht, weil es hungrig ist oder Koliken hat, solltest du nicht davon ausgehen, dass der Schlaf vorbei ist. Viele Eltern geben ihren Babys nicht die Möglichkeit, wieder einzuschlafen, obwohl es vielleicht noch müde ist. Wenn du auf den „Auw"-Laut hörst, erkennst du, ob dein Baby nach dem Bäuerchen machen, Wickeln oder Füttern wieder einschlafen möchte.

Erinnere dich an die fünf Tipps zum Einfühlen:

- Stopp, schau und hör hin!
- Lausche in der Vor-Schrei-Phase!
- Höre auf den markanten Teil jeden Lautes!
- Ändere Babys Haltung!
- Reagiere intuitiv, wenn du den Laut nicht erkennst, und versuche es später erneut!

Gib deinem Baby auch mitten in der Nacht etwas Zeit, um wieder einzuschlafen. Wenn du glaubst, es hilft, dass du es sanft wiegst oder dass du deine Hand auf seine Brust legst, dann tu es.

Nicht jedes Baby mag Begrenzungen

Eine häufige Meinung ist, dass Babys, insbesondere Neugeborene, zum Einschlafen eingewickelt werden wollen, so als wären sie im Mutterleib.

Das trifft auf manche Babys zu. Aber wie bei allem, was mit Neugeborenen zu tun hat, gibt es Ausnahmen.

Sei dir bewusst, dass dein Baby, wenn es zu eng gewickelt ist, bei festsitzender Luft oder Blähungen die Luftblasen nicht selbst durch kleine Bewegungen aus seinem Körper entfernen kann.

Generell ist es empfehlenswert, dem Baby auch beim Einschlafen bauchnabelabwärts Bewegungsfreiheit zu gewähren, um eine gesunde Hüftentwicklung zu gewährleisten.

Wenn dein Baby gestresst ist

Halte inne, um dem Weinen zuzuhören. Achte auf die Kombination der Laute. Dein Baby hat vielleicht andere Bedürfnisse, die erst erfüllt werden müssen, bevor es einschlafen kann.

Es kann einfach nur erschöpft sein, aber es kann auch hungrig sein oder Luft im Bauch haben. Wenn „Auw“ der erste oder der vorherrschende Laut ist, den du hörst, ist dein Baby in erster Linie müde. Die sekundären Laute sind jedoch ein ebenso wichtiger Teil der Kommunikation. Dazu kommen wir im späteren Kapitel der Lautkombinationen mit „Auw“.

Judiths Geschichte

Judith ist eines der besten Beispiele für eine Mutter, die ihr Gehör und ihr Timing absolut perfekt beherrscht. Ich war gekommen, um ihr die zweite Hälfte des Klassifikationssystems beizubringen, nachdem ich ihr bereits die Laute „Neh“, „Eh“ und „Auw“ vermittelt hatte. Sie hatte mir in einigen Telefongesprächen erzählt, wie das Hören des Lautes „Auw“ die Schlafprobleme ihres Sohnes erfolgreich gelöst hatte. Die Schreikrämpfe und manischen Zuckungen der Übermüdung waren einfach verschwunden. Aber selbst ich war verblüfft, als ich sah, wie diese sensible Mutter auf ihr Kind reagierte.

Sobald Judy den Laut „Auw“ hört, wickelt sie ihr Baby sanft ein, gibt ihm etwas zum Nuckeln und bringt es ins Bett. Es schläft sofort ein. Nicht ein Weinen, nicht ein Schreien. Josh braucht den Laut „Auw“ nicht einmal zu rufen. Er äußert ihn in normalem Tonfall, seine Mutter ist aufmerksam genug, um ihn genau auf dem Höhepunkt seiner Schlafwelle zu erwischen.

Der Zeitpunkt ist perfekt. Etwas später und er könnte übermüdet sein. Da er einfach nur „Auw“ sagt und nicht äußert, wie er schlafen gehen möchte, muss Judith ihn nur ins Bett bringen, wenn er es braucht.

Sie haben sich inzwischen so gut eingelebt, dass Judith Einkaufstouren und Spaziergänge planen kann, ohne sich Sorgen machen zu müssen, dass Josh in der Öffentlichkeit unruhig wird und schreit. Ich sah sie wieder, als Josh sechs Monate alt war.

Er plapperte immer noch in der Dunstan Babysprache und war nach wie vor ein glücklicher, lächelnder kleiner Junge mit einer fabelhaften Bindung zu seiner Mutter.

Ciaras Geschichte

Eines Tages trank ich mit unserer Büroassistentin Ciara einen Kaffee. Sie hatte ihre Schwester Ellie und ihren drei Wochen alten Sohn Emanuel mitgebracht. Als frischgebackene Mutter wollte Ellie unbedingt mehr über das Dunstan Babysprache System erfahren, nachdem sie von Ciara so viel darüber gehört hatte.
Emanuel war gerade mit dem Stillen fertig und sagte „Auw“. Ich erklärte Ellie, was das bedeutet und ermutigte sie, ihn in die Arme zu nehmen. Er schlief mit glücklichem Ausdruck auf seinem kleinen Gesicht ein. Ellie sagte, es sei, als ob ich Emanuel mit einem Zauberspruch in hypnotische Trance versetzt hätte! Ich versicherte ihr, dass nichts Magisches vorgefallen sei. Ich hatte ihr nur gesagt, dass er müde sei, und er reagierte so, wie es Babys normalerweise tun – sie schlafen ein. Da er aber gerade erst mit dem Stillen fertig war, nahm Ellie an, dass er wacher sein würde. Sie hatte die Angewohnheit, mit ihm zu sprechen und ihm Dinge zu zeigen. Ich fragte, wie Emanuel darauf reagierte. „Nun, wenn ich so darüber nachdenke, weint er sehr viel“, antwortete Ellie. „Das ist irgendwie enttäuschend. Vielleicht mag er es nicht, herumgetragen zu werden?“

Nein, er wird gerne herumgetragen, aber er muss auch schlafen können. Es ist ein weit verbreiteter Irrtum, dass Säuglinge viel länger wach sein sollten, als sie es sind. Neugeborene bleiben vielleicht nur eine halbe Stunde wach, gerade genug Zeit, um gefüttert zu werden und zu kuscheln. Wenn sie älter sind, reagieren Babys eher auf Ansprache und Dinge, die ihnen gezeigt werden. Aber vorallem Neugeborene möchten einfach nur von denjenigen gehalten werden, die sie lieben. Nachdem Ellie die Dunstan Babysprache erlernt hatte, entwickelte sie selbst die „magische Begabung“ und wusste genau, wann Emanuel schlafen musste.

„Eh" – Bäuerchen

„Eh" ist der Laut, den dein Baby macht, wenn es festsitzende Luftblasen hat. Der Reflex, der den Laut „Eh" erzeugt, ist der Aufstoßreflex. „Eh" bedeutet, dass dein Baby Luft in seinem oberen Verdauungssystem, also in der Speiseröhre oder im Magen, eingeschlossen hat, und sich die Muskeln in diesen Bereichen automatisch zusammenziehen, um die Luft herauszupressen. Dabei entsteht der Laut „Eh".

Als Erwachsener ist es schwierig, den „Eh"-Laut zu reproduzieren, da wir in der Regel in der Lage sind, aufzustoßen und die eingeschlossene Luft herauszulassen. Das Geräusch, das wir beim Aufstoßen machen, unterscheidet sich von dem Laut, den dein Baby macht, wenn es versucht, ein Bäuerchen zu machen.

Ein ähnliches Gefühl, wie es ein Baby beim Bäuerchen erlebt, haben wir kurz vor dem Aufstoßen, wenn unser Körper darum kämpft, die Luft loszuwerden. Die Brust kann sich dann eng anfühlen, oder ein Druck wie beim Völlegefühl entstehen.

Der signifikante Teil des „Eh"-Lautes ist das kurze, abgehackte „E" am Anfang. Das unterscheidet „Eh", das von Luft im oberen Verdauungstrakt stammt, von „Eärh", das von Luft im unteren Teil des Verdauungstrakts ausgelöst wird. „Eärh" ist ein längerer, eher drückender als ein pressender Laut. Ich behandele ihn in einem anderen Kapitel, weil es für „Eh" andere Lösungen gibt als für „Eärh".

Ich bin der festen Überzeugung, dass wenn man die Probleme des Babys mit verschluckter Luft in den Griff bekommt, sich auch andere Schwierigkeiten ganz von selbst lösen. Bei der Säuglingspflege dreht sich meist alles um das Thema Füttern: Sollen wir stillen oder mit der Flasche füttern? Dockt das Baby gut an? Wie regelmäßig sollte es gefüttert werden und so weiter. Natürlich ist es unsere wichtigste Fürsorgepflicht, unsere Babys angemessen zu ernähren, deshalb ist es nur natürlich, dass wir uns Sorgen machen, wenn die Nahrungsaufnahme nicht gut läuft. In all der Zeit, die ich damit verbracht habe, Eltern und Babys zuzuhören, bin ich zu dem Schluss gekommen, dass nicht das Füttern die Hauptursache für Probleme bei Babys ist, sondern verschluckte Luft. Sie beeinträchtigt den Fütterungsprozess sowie jede andere Körperfunktion des Säuglings.

Säuglinge können oft nicht selbst aufstoßen, wenn sie hingelegt werden, während die Luft noch eingeschlossen ist. Viele Eltern lassen ihr Baby direkt nach dem Füttern Bäuerchen machen und haken das Aufstoßen damit ab. Sie bringen das Baby ins Bett oder legen es auf eine Decke, wo es sich dann in der Waagerechten befindet und die Luft nicht hochkommen kann.

Zurückgebliebene Luftblasen oder solche, die sich im Rahmen des laufenden Verdauungsprozesses bilden, verursachen beim Baby Unwohlsein. Das Baby wird unruhig. Da es meist bereits Bäuerchen gemacht hat, denken die Eltern nicht daran, das Aufstoßen erneut zu versuchen. Sie überprüfen die Windel oder versuchen, es wieder in den Schlaf zu wiegen. Oder sie versuchen, dem Baby eine zusätzliche Mahlzeit zu geben, was das Problem nur noch verschlimmert und die Luft weiter in den Körper des Babys drückt.

Bis die Eltern daran denken, das Baby erneut aufstoßen zu lassen, ist die Luftblase vielleicht schon weiter nach unten gewandert und zu Blähungen geworden, die einen anderen Schmerz verursachen, einen anderen Reflex auslösen und einen anderen Laut hervorrufen. Wir sind darauf trainiert, Luftblasen als zweitrangiges Problem zu betrachten. Das sind sie aber nicht. Babys müssen häufig ein Bäuerchen machen. Wenn beim Baby Luftblasen festsitzen, fällt es ihm schwer, zu essen und zu schlafen. Zudem ist es ständig unruhig. Oft ist das der Grund für die 17-Uhr-Schreiperiode: Das Baby hat zu viele Luftblasen im System, die sich über den Tag angesammelt haben. Wenn es dir gelingt, dein Baby regelmäßig von den Luftblasen zu befreien, wirst du ein glücklicheres Baby haben, das gut trinkt und gut schläft.

Es kann helfen zu verstehen, was im Körper deines Babys vor sich geht. Die Luft im Verdauungstrakt (Speiseröhre, Magen, Dünn- und Dickdarm) wird entweder von deinem Baby verschluckt, wenn es saugt oder weint, oder ist im Rahmen des Verdauungsprozesses entstanden.

Du kannst dein Baby zwar durch Aufstoßen direkt nach dem Füttern von einem Teil der aufgenommenen Luft befreien, aber da bei der Verdauung weitere Luftblasen entstehen, muss dein Baby häufiger aufstoßen. Die Luft, die im Körper des Babys verbleibt, gelangt in den Dünndarm, wo ein Teil absorbiert wird. Der Rest gelangt in den Dickdarm, wo er als Gas freigesetzt werden muss.

Blähungen lassen sich schwerer loswerden als Luftblasen im Brustkorb, und sie können sehr viel unangenehmer sein. Das Verdauungssystem ist ein Nerventunnel, der sehr anfällig für Stress ist. Je unwohler sich dein Baby fühlt und je aufgeregter es ist, desto mehr wird der Verdauungstrakt eingeengt und desto schwieriger ist es für dein Kind, Luftblasen oder Blähungen loszuwerden.

Wenn du also hörst, dass dein Baby „Eh“ sagt, solltest du darauf reagieren. Viele Eltern haben mir erzählt, dass ihre Babys, sobald sie die Luftproblematik in den Griff bekommen hatten, besser getrunken haben, besser schliefen und allgemein entspannter waren. Oft veränderte sich die gesamte Beziehung zwischen dem Baby und seinen Eltern. Ich kann es gar nicht oft genug sagen: Bäuerchen machen sollte bei der Pflege deines Babys eine Hauptrolle spielen.

Jennys Geschichte

Ein Baby zu füttern, wenn es eigentlich ein Bäuerchen machen muss, ist einer der häufigsten Fehler, den junge Mütter machen. Ich schätze, dass ihn etwa 70 Prozent der Eltern machen. Und ich habe ihn mit Sicherheit bei meinem Sohn Tomas auch gemacht. Bei Jenny war das Stillen sogar zu einem körperlichen Kraftakt geworden.

Sie hörte ihre Tochter Lucy weinen und nahm an, dass sie hungrig sei. Lucy versuchte anzudocken. Wenn es ihr nicht gelang, zog sie sich zurück und weinte wieder.

Das ging jedes Mal so. An und ab. An und ab. Jennys Brustwarzen waren rissig und taten weh. Sie empfand das ganze Stillen als schmerzhaft und musste sich eingestehen, dass sie ihr Baby nicht wirklich genoss. Als sie die Dunstan Babysprache lernte, stellte Jenny fest, dass Lucy „Eh“ und nicht „Neh“ sagte. Sie musste ein Bäuerchen machen.

Viele E-Mails von Müttern wie Jenny haben uns erreicht, in denen sie mitteilen, dass die 17-Uhr-Periode nun nicht mehr so schlimm sei, weil sie ihre Babys zur richtigen Zeit aufstoßen lassen und stillen. Es staut sich nicht mehr so viel Luft im Körper des Babys und sie sind im Allgemeinen glücklicher.

Kellys Geschichte

Sobald du den Laut „Eh" hörst, kann die Lösung verblüffend einfach sein. Babys brauchen im Allgemeinen nur ein kurzes Bäuerchen. Wo früher vielleicht weitere Probleme wie Bauchweh entstanden sind, weil nicht klar war, was an dieser Stelle zu tun ist, kann man mit dem Wissen um die Dunstan Babysprache sofort reagieren und sich dann weiter dem widmen, was man zuvor getan hat.

Kelly entdeckte dies bei ihrem Sohn Jeremy. Wenn er weinend aufwachte, nahm sie ihn in der Regel auf den Arm, wechselte ihm die Windel und ging durch all die üblichen Beruhigungstechniken. Oft war das das Ende seines Mittagsschlafs und er wurde im Laufe des Tages immer unleidlicher.

Wenn Kelly jetzt den Laut „Eh" hört, weiß sie, dass Jeremy nur ein Bäuerchen machen muss und froh ist, wieder einschlafen zu können. „Ich kann nicht glauben, wie einfach es ist", sagt Kelly. „Ein kleines Bäuerchen und er schläft sofort wieder ein. Er schläft so viel besser und ich habe Zeit, um Dinge im Haus zu erledigen."

Romys Geschichte

Wenn du bereits Kinder hast, wirst du wissen, was ich meine, wenn ich von der „ Gruselstunde" spreche. Manche Frauen nennen sie auch „Geisterstunde". Eine Freundin bezeichnet sie als „Arsenstunde". Es ist die Zeit des Tages, oft gegen 17 Uhr, wenn Babys müde und reizbar sind – und die meisten Mütter auch.

Als frischgebackene Mutter hielt Romy das für normal. Sie hatte von Freundinnen, die bereits Kinder hatten, genug darüber gehört. Tatsächlich kam Romy oft vorbei, um die Babys ihrer Freundinnen zu baden und sie zu beruhigen, während die Mütter sich eine kleine Auszeit nahmen. Als sie ihr eigenes Baby bekam, durchlebte auch Romy die „Zeit des Grauens" – bis sie das Dunstan Babysprache System lernte.

Sie begann, ihrem Baby den ganzen Tag über zuzuhören, es zu füttern, wenn es „Neh" sagte und mit ihm ein Bäuerchen zu machen, wenn es „Eh" sagte. Romy stellte fest, dass die „Gruselzeit" langsam aus ihrem Leben verschwand.

Sie erzählte mir, dass sie erkannt hatte, dass der Grund für die schwierige Phase zu dieser Tageszeit darin bestand, dass sich Luft angesammelt hatte. Vor dem Dunstan Babysprache Wissen hatte sie ihr Baby den ganzen Tag über nicht effizient Bäuerchen machen lassen und hatte es überfüttert, weil sie dachte, dass ihr Baby jedes Mal hungrig war, wenn es weinte. Sobald sie hören und verstehen konnte, was ihr Baby wollte, gab es keine Luftprobleme mehr, die vorher für einen sehr unangenehmen späten Nachmittag und frühen Abend sorgten.

Techniken fürs Bäuerchen

Eine der gebräuchlichsten Positionen ist es, das Baby auf den Schoß zu nehmen und ihm **sanft den Rücken zu massieren**. Ich habe jedoch viele erfolgreiche Variationen zu diesem Thema entdeckt, als ich mit Müttern über ihre Lieblingspositionen gesprochen habe. Es geht darum, einige verschiedene Positionen auszuprobieren, um herauszufinden, welche für dich und dein Baby am besten geeignet ist. Es liegt auf der Hand, dass die sanfteren Methoden besser sind, wenn dein Baby direkt nach dem Füttern aufstoßen soll. Hier sind einige Methoden, bei denen du dein Baby auf dein Knie setzt. Lege deine Hand sanft auf Kinn und Brust deines Babys, lehne es leicht nach vorn und klopfe ihm vorsichtig auf den Rücken. Achte jedoch darauf, dass du es nicht zu weit nach vorne lehnst, da sonst die Luftblasen nicht aufsteigen können.

Setze dein Baby auf deinen Schoß und **lehne es leicht nach vorn**. Stütze sein Kinn, indem du es in deine Handfläche nimmst. Bewege seinen Körper ganz sanft kreisend gegen den Uhrzeigersinn. Mache das langsam für etwa eine Minute und drehe seinen Körper dann im Uhrzeigersinn. Diese spiralförmige Bewegung kann helfen, die eingeschlossene Luft herauszudrücken. Halte den Bauch deines Babys, während du es aufrecht setzt und seinen Rücken stützt. Sei immer behutsam, da sonst die Gefahr besteht, dass die Milch wieder hochkommt.

Bäuerchen **über der Schulter** machen: Lass den Kopf deines Babys an deiner Schulter ruhen und stütze seinen Po mit deinem Unterarm. Klopfe oder reibe sanft seinen Rücken von unten nach oben. Es kann sein, dass etwas Milch herausläuft, daher ist es ratsam, deine Kleidung mit einem Tuch oder Handtuch zu schützen. Wenn du umhergehst, während dein Baby ein Bäuerchen macht, kann das für euch beide beruhigend sein und ein effektiver Weg, um die Luft zu verlagern.

„Eärh“ – Bauchweh

„Eärh“ ist der Laut, den dein Baby macht, wenn es Bauchweh hat. Der Reflex, der den Laut „Eärh“ erzeugt, ist das Ausstoßen von Luft. Es bedeutet, dass Luft, die im Verdauungssystem eingeschlossen wurde, in den Dickdarm gelangt ist. Um diese Gase auszuscheiden, ziehen sich die Muskeln des Dickdarms zusammen, wodurch dein Baby den Laut „Eärh“ macht. Blähungen können sehr schmerzhaft sein. Wenn dein Baby diesen Laut von sich gibt, ist es in der Regel schon sehr verstört. Im Gegensatz zu anderen Lauten, die anfangs leise gesagt werden können, wird „Eärh“ fast immer als Teil eines Schreis oder zumindest in einem angespannten Tonfall gesagt.

Um den Unterschied zwischen „Eh“ und „Eärh“ zu hören, tue so, als ob du rülpsen würdest, und spüre den Druck in deinem Oberkörper. Nun tue so, als würdest du versuchen, Luft aus deinem Unterkörper herauszupressen. Beide Laute klingen wie ein Drücken: „Eh“ ist ein kurzes Drücken und „Eärh“ ein längeres Drücken.

Bei einer der ersten Dunstan Babysprache Studien, die ich durchführte, habe ich alle Teilnehmer an einem Wochenende getroffen. 40 Mütter und 40 schreiende Babys, den ganzen Tag lang, an beiden Tagen des Wochenendes. Das war eine ziemliche Herausforderung!

Der bleibende Eindruck dieses Wochenendes war jedoch nicht der Lärmpegel oder die Bandbreite der Probleme, die die Mütter hatten. Das war die Gemeinsamkeit zwischen ihnen allen. Die meisten Babys hatten Probleme mit Aufstoßen und Blähungen, und nur sehr wenige Mütter konnten dies feststellen. Solange ihr Baby nicht schrie und Anzeichen von Bauchschmerzen zeigte – es zog die Beine hoch und ballte die Fäuste – dachten die meisten Mütter nicht daran, dass Blähungen ein Problem für ihr Baby waren. Sobald sie das Problem in den Griff bekommen hatten, dachten sie nicht mehr an Bauchweh. Wenn das Baby zusammengerollt ist und schreit, hast du zu lange gewartet.

Was frischgebackenen Müttern beigebracht wird, ist oft genau das Gegenteil von dem, was erforderlich ist, wenn ein Baby unter Blähungen leidet. Wir lassen die Babys erst nach dem Füttern aufstoßen, nicht davor, das heißt, wir stillen sie, wenn ihr Bauch mit Luftblasen gefüllt ist. Die eingeschlossene Luft wandert vom oberen Verdauungstrakt in den unteren Teil des Systems. Anschließend versuchen wir, unsere Babys zum Schlafen zu bringen, wenn sie den Bauch voller Luft haben.

Wenn du Bäuerchen machen anders angehst und deinem Baby regelmäßig dabei hilfst, Luftblasen im oberen Verdauungstrakt zu lösen, wirst du „Eärh“ nicht so oft hören. Es ist gut, das Baby oft aufstoßen zu lassen und seinen unteren Bauch zu massieren – auch wenn es nicht „Eärh“ sagt. Denke daran, dass dein Baby in dem Moment, in dem du es hörst, bereits Schmerzen hat.

Die Ursachen dieses Bauchwehs können unterschiedlich sein: wie z.B. eine unreife Darmflora, Luftblasen im Verdauungstrakt, ein träger Darm bei Bewegungsmangel oder emotional schwer verdaubare Eindrücke, die dem Baby sprichwörtlich schwer im Magen liegen, um nur einige zu nennen.

Wenn dein Baby „Eärh“ sagt und vor lauter Bauchweh weint, wird man dir wahrscheinlich sagen, dass es Koliken hat. Blähungen und Kolikkrämpfe werden oft für dasselbe gehalten. Das ist aber nicht unbedingt richtig. Es ist möglich, dass Blähungen die Ursache für die Krämpfe deines Babys sind, achte also auf den Laut „Eärh". Wenn du das hörst, kannst du eine der auf den folgenden Seiten aufgeführten Massagetechniken anwenden, um dein Baby zu beruhigen. Wenn du kein „Eh" oder „Eärh" in den Schreien deines Babys hörst, kann es sein, dass seine Beschwerden nicht mit Verdauungsproblemen zusammenhängen, sondern evtl. im emotionalen oder organischen Bereich liegen. Ich habe so viele Eltern kennengelernt, die davon ausgehen, dass Blähungen und Koliken das Gleiche sind. Sie verbringen oft viel Zeiten damit, die Blähungen aus dem Körper ihres Babys zu vertreiben, was aber nicht zu seiner Beruhigung beiträgt. Das kann sehr frustrierend sein.

Ein Baby, das hungrig ist und „Neh" sagt, kann gefüttert werden. Ein Baby, das müde ist und „Auw" sagt, kann ins Bett gebracht werden. Mit einem Baby, das aufstoßen muss und „Eh" sagt, kann man Bäuerchen machen. Aber ein Baby, das „Eärh" sagt, muss beruhigt und massiert oder mit einer der anderen Techniken unterstützt werden, um ihm beim Ausscheiden der Luft zu helfen. Das kann sehr lange dauern und für Eltern schwierig sein.

Dein Baby hört nicht unbedingt schnell auf zu weinen, was für dich sehr frustrierend und beunruhigend sein kann, vor allem, wenn es mitten in der Nacht ist und du unter Schlafmangel leidest.

Solange du aber den Laut „Eärh" hörst, kannst du sicher sein, dass du das Richtige tust und dein Baby dich in diesem Moment besonders braucht.

Die Ernährung der Mutter

Es heißt, wenn du stillst, wirkt sich das, was du isst, auf dein Baby aus. Auch Fachleute und zahlreiche Webseiten geben Listen mit „verdächtigen Lebensmitteln" aus. Das setzt stillende Mütter unnötig unter Druck, die die Ursache des Weinens ihres Babys bei sich und ihrer

Annies Geschichte

Wenn man ein Signal nicht richtig erkennt, liegt das meist daran, dass man beschäftigt oder abgelenkt ist. Annie kennt die Babylaute sehr gut. Aber sie gesteht, dass sie die viele Arbeit als Redakteurin und als Mutter eines achtmonatigen und eines siebenjährigen Sohnes ablenkt.

Wenn sie mit der Arbeit fertig ist, ihr Baby aus der Krippe und ihren ältesten Sohn vom Hort abholt, ist es schon spät. Das Abendessen muss zubereitet, die Hausaufgaben beaufsichtigt und das Haus geputzt werden. Sie und ihr Partner teilen sich die Hausarbeit, aber sie empfindet diese frühen Abendstunden immer noch als unglaublich anstrengend.

Annie ist mit mir in Kontakt geblieben seit dem Kurs. Vor Kurzem rief sie an, um zu sagen, dass der kleine Carl beim Abendessen laut geschrien hat. Sie glaubte, dass er „Auw" gesagt hat. Sie beschloss, die Essensvorbereitungen abzubrechen, um ihn zum Schlafen zu bringen. Nichts schien zu funktionieren. Er weinte etwa eine halbe Stunde lang. Zu dieser Zeit waren alle im Haushalt aufgebracht und schimpften. Als sie den Kopf frei bekam und Carl wirklich zuhörte, stellte sie fest, dass er „Eärh" und nicht „Auw" sagte. Sie hob ihn auf und legte ihn über ihre Schulter.

Nach einer Weile konnte er pupsen und beruhigte sich völlig. „Es ist nicht einmal so, dass die Laute gleich klingen", sagte Annie zu mir, „ich kann nicht glauben, dass ich sie verwechselt habe." Ich sagte ihr, sie solle sich keine Sorgen machen. Sie reagiert zweifellos in 99,9 Prozent der Fälle richtig auf ihr Baby. Du kannst dir nicht verübeln, dass du eine vielbeschäftigte Mutter bist.

Milch suchen und folglich angespannt sind, was wiederum auch das Baby spürt.

Eine gesunde, ausgewogene Ernährung ist während der Stillzeit sehr wichtig. Bauchweh beim Kind liegt zahlreichen Ammenmärchen zum Trotz jedoch nur äußerst selten in der Ernährung der Mutter begründet, der z.B. oft geraten wird, blähende oder säurehaltige Speisen zu meiden. Beobachte bei dir, ob das wirklich der Fall ist. Es gibt kaum wissenschaftliche Belege dazu, welche Stoffe, die für die Beschwerden verantwortlich sein sollen, tatsächlich in die Muttermilch übergehen. Wir wissen jedoch, dass sie weder Ballaststoff, noch Fruktose oder Gase enthält.

Beim Säugling entstehen Gase eher durch Schlucken von Luft bei häufigem Weinen oder, wenn beim Stillen das Vakuum nicht gut gehalten werden kann (z.B. wegen eines verkürzten Zungenbandes oder zu starkem Milchspendereflex der Mutter).

Eine der seltenen Ausnahmen war mein Sohn. Er war erst ein paar Wochen alt, als ich feststellte, dass er unter Allergien, Koliken und Reflux litt. Es gab ein paar Tage, an denen mir die Kuhmilch ausging und ich keine neue kaufen konnte. Ich bemerkte eine leichte Veränderung bei Tomas.

„Eärh“ war nicht mehr so häufig zu hören und mir kam der Gedanke, dass er eine Laktose-Intoleranz haben könnte. In den nächsten Wochen experimentierte ich damit, bestimmte Lebensmittel aus meiner Ernährung zu streichen. Jedes Mal, wenn ich Milch trank, litt Tomas darunter. Wenn dein Baby häufig „Eärh“ sagt, solltest du erst sein Stillverhalten und ggf. deine Ernährung anschauen. Lass nach und nach die wahrscheinlichsten Allergene weg (i.d.R. Kuhmilchprodukte, Gluten, Soja, Mais, Nüsse, Eier, Zitrusfrüchte, Erdbeeren, Schokolade). Oft sieht man nach 72 – 96 Stunden eine Besserung. Es braucht Zeit, um Nahrungsmittel nacheinander für jeweils zwei bis vier Wochen auszutesten.

Alisons Geschichte

Als Alison ihr Baby Tim bekam, konnte sie auf ihren Wecker verzichten. Mit Tim brauchte sie nie einen. Die Schreie um 5 Uhr morgens jeden Tag waren mehr als genug, um sie aus ihrem leichten Schlaf zu wecken. Als alleinerziehende Mutter hatte Alison manchmal das Gefühl, dass das Leben nicht schlimmer sein könnte. Sie hatte alle möglichen Hilfen in Anspruch genommen, aber sie hatte immer noch keine Ahnung, warum Tim wie ein Uhrwerk mit einem Geschrei loslegte, das lauter war als ihr Wecker. Das war so, bis sie den Laut „Eärh“ heraushörten konnte. Sie verstand zum ersten Mal, dass Tim Schmerzen hatte und unter diesen Umständen nicht wieder einschlafen konnte.

Bis dahin war Alison verständlicherweise wütend, verwirrt und verzweifelt. Sie hielt Tim waagerecht in ihren Armen, schaukelte ihn seitwärts und hoffte, dass er endlich wieder einschlafen und sie sich ausruhen könne. Ihre Frustrationsgefühle übertrugen sich zweifellos auf Tim, der nur noch lauter schrie. Es war eine eskalierende Situation für Alison, der ich gerne helfen wollte, als sie sich auf eine meiner Anzeigen meldete, in denen ich Teilnehmer für eine Studie suchte.

Jetzt, da sie über seinen Zustand Bescheid weiß, erkennt sie, dass es ihm hilft, wenn sie ihn aufrecht und nicht flach hält, damit die Luft entweichen kann, und dass er nicht einschläft, bevor die Luft nicht aus seinem Körper heraus ist.

Alison nimmt ihn entweder auf die Schulter und geht mit ihm durch ihren kleinen, ruhigen Garten. Oder sie wendet die Kniemethode an, indem sie ihn mit dem Bauch nach unten über ihre gekreuzten Beine legt und ihn sanft schaukelt, während sie eine Tasse Tee am frühen Morgen trinkt. Das Leben ist immer noch nicht einfach, aber Alison ist toleranter geworden, und Tim beruhigt sich schon viel schneller.

Beruhigungstechniken bei Bauchweh

Die Knie-Massage: Ich habe diese Methode entdeckt, als Tomas ein Baby war, weil er immer wieder längere Zeit wegen Blähungen weinte. Dabei schlägt man die Beine übereinander, legt das Baby mit dem Gesicht nach unten darauf, sodass sich sein Bauch über das höhere Bein wölbt. Dann reibst du seinen unteren Rücken und rollst ihn sanft in kleinen Bewegungen über dein Bein hin und her. Du kannst auch deine Beine zur einen und dann zur anderen Seite bewegen, um eine langsame, schaukelnde Bewegung zu erzeugen. Der Rhythmus ist sowohl für das Baby als auch für die Eltern sehr beruhigend. Du kannst dabei fernsehen (achte darauf, dass es nicht zu laut oder zu heftig ist) oder lesen. Wenn dein Baby sehr verzweifelt ist, kannst du dich über ihm zusammenrollen und es in deinen Armen halten. Es ist sehr beruhigend für dein Kind, wenn es deine Wärme und ganz nah den gleichmäßigen Rhythmus deines Atems spürt.

Die Über-der-Schulter-Massage: Eine andere Möglichkeit ist, dein Baby hoch über deine Schulter zu legen, sodass sich sein Oberkörper über deinem Schulterblatt befindet. Du musst dabei so stehen, dass du es sanft wippen und seinen unteren Rücken streicheln kannst. Ich habe die Erfahrung gemacht, dass die Arme von Frauen bei dieser Methode sehr schnell ermüden, und sie sich weniger sicher fühlen als bei der Kniemassage, weil sie befürchten, dass das Baby herunterfallen könnte, daher ist die Schultermassage eher etwas für Männer.

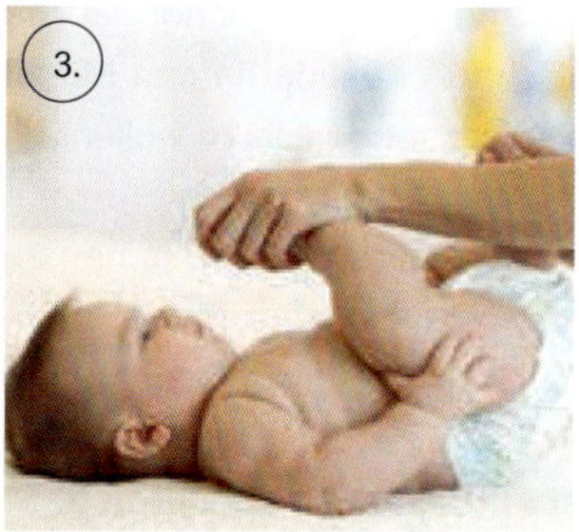

Die Fahrrad-Massage: Dies ist im Grunde ein Pumpvorgang. Lege dein Baby auf den Rücken und schiebe dann langsam seine Beine gleichzeitig oder abwechselnd nach oben in Richtung Bauch. Achte darauf, dass die Windel locker genug ist. Halte die Position einige Sekunden lang, senke dann die Beine wieder und wiederhole den Vorgang. Mache dies so lange, wie dein Baby in dieser Position bleiben mag, oder bis es aufhört, „Eärh“ zu sagen.

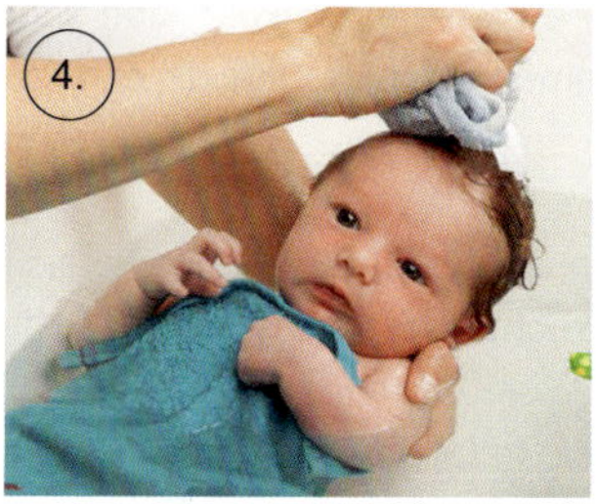

Ein warmes Bad: Wenn dein Baby zu aufgeregt ist, um massiert zu werden und sich nicht wehrt, wenn es ins Wasser gelegt wird (was bei manchen Babys der Fall ist), ist ein warmes Bad ein ideales Mittel, um ein Baby, das „Eärh“ sagt, zu beruhigen. Wiege dein Baby in einem Arm und massiere mit der anderen Hand seinen Bauch, damit du ihm ein starkes Gefühl der Sicherheit vermittelst, während du dich um die schmerzende Stelle kümmerst.

„Heh“ – Unwohlsein

„Heh“ ist der Laut, den dein Baby macht, wenn es sich unwohl fühlt. Der Reflex, der den Laut „Heh“ erzeugt, ist der Irritationsreflex. Er bedeutet, dass dein Baby bei Hautreizungen besonders empfindlich ist. Dabei kann es sich um eine ungewohnte Temperatur, einen störenden Stoff, eine nasse Windel oder um einschneidende Kleidung oder Sitzgurte handeln. Die ruckartigen Bewegungen, die dein Baby reflexhaft macht, um die Reizung zu beseitigen, führen zu kurzen Luftausstößen, die als „Heh“ zu hören sind.

Am besten lässt sich der Laut wiedergeben, wenn man sich vorstellt, wie ältere Kinder oder auch Erwachsene jammern. Bei diesem Ton geht es nicht um Schmerz. Es geht darum, dass einen etwas nervt.

Der Laut „Heh“ ändert sich mit den verschiedenen Arten von Unbehagen, die dein Baby empfindet, von einem leisen Ausatmen bis hin zu einer deutlicheren Vokalisierung von „Heh“. Worauf du achten mußt, ist das „H“ am Anfang des Lautes.

Die wahrscheinlich am schwierigsten zu unterscheidenden Laute sind „Heh“ und „Eh“. Denke daran, dass das „H“ das bestimmende Element ist. Während „Eh“ eine knappe, kurze, gepresste Qualität hat, ist „Heh“ ein längerer Laut.

Für Erwachsene ist „Heh“ im Grunde ein Jammern, während „Eh“ eher ein Gefühl der Frustration vermittelt. „Heh“ ist ein schwieriger Laut, weil seine Bedeutung nicht so spezifisch ist wie die der anderen Laute. Es kann sich auf eine Reihe möglicher Situationen beziehen, in denen sich dein Baby unwohl fühlt, und die einzige Möglichkeit, wirklich herauszufinden, was los ist, ist ein Ausschlussverfahren. Könnte es sein, dass dein Baby einen Windelwechsel braucht oder abgehalten werden möchte? Hat es einen Ausschlag? Kratzt der Stoff, den es trägt? Ist seine Umgebung zu hell oder zu laut? Ist ihm zu kalt oder zu warm oder ist es vielleicht zu eng gewickelt?

Ich erinnere mich an eine Frau namens Viola. Sie hatte ein paar Wochen lang die Laute gelernt und hatte das Gefühl, dass sie den Dreh wirklich raus hatte. Dann kam sie eines Tages erschöpft zu mir. Sie erzählte mir, dass sie die halbe Nacht wach gewesen sei. Ihr Baby Jake liebte es normalerweise, zum Einschlafen in ein Baumwolltuch gewickelt zu werden, und er schlief sehr gut. Aber in der Nacht zuvor wollte er nicht einschlafen und sagte immer wieder „Heh“.

Viola entschied sich für ein Ausschlussprinzip, um herauszufinden, was vor sich ging. Sie tastete nach der Windel. Sie war trocken. Sie tastete seine Stirn ab. Seine Temperatur war normal. Sie steckte ihm den Schnuller wieder in den Mund, aber er schien ihn nicht sonderlich zu wollen.

Sie versuchte, ihn zu füttern, ein Bäuerchen zu machen und ihn zu wiegen, aber nichts konnte Jake beruhigen. Er wurde immer aufgeregter und sagte immer eindringlicher „Heh“. Schließlich weckte sie aus Frust ihren Partner Joe. Er nahm Jake Viola ab und sagte: „Das ist ihm zu eng.“ Viola argumentierte, dass sie ihn jede Nacht auf dieselbe Weise einwickelte. Joe sagte: „Das mag stimmen, aber ich sage dir, er ist zu eng gewickelt.“

Sie lockerten den Stoff und Jake beruhigte sich sofort. Joe hatte recht, freute sich Viola.

Die Ursache für die Irritation deines Babys muss nicht immer körperlicher Natur sein. Babys reagieren sehr empfindlich auf den Rhythmus des Lebens. Wir haben uns daran gewöhnt, alles in hohem Tempo zu tun. Nicht nur bei unseren ersten Kindern sollten wir dazu tendieren, das Tempo zu drosseln und uns Zeit zu lassen, um uns an unseren neuen Lebenswandel anzupassen.

Sobald der normale Alltag tobt, erwarten viele Eltern, dass sich ihr Baby in ihren Zeitplan einfügt. Es muss vielleicht warten, bis es gefüttert oder gewickelt wird, es muss sich damit abfinden, dass es vom Auto zum Haus, zum Supermarkt, zur Kindertagesstätte oder zum Spielplatz gebracht wird, und es muss mit ständigen Veränderungen des Geräuschpegels und der Temperatur zurechtkommen.

Das schiere Tempo, in dem sich alles abspielt, kann das Baby – und uns – aus der Fassung bringen. Sein „Heh, Heh, Heh" kann ein Zeichen dafür sein, dass es eine Auszeit braucht.

Wenn es zu Hause emotionale Probleme gibt, bekommt dein Baby das mit. Es braucht weder Türenzuschlagen noch gegenseitiges Anschreien, damit ein Baby weiß, dass seine Bezugspersonen unglücklich sind.

Wir gaukeln uns selbst vor, dass, wenn wir nach außen so tun, als ob alles in Ordnung wäre, niemand – vor allem nicht ein Baby, das ständig betreut und versorgt wird – bemerkt, was wirklich los ist. Das ist selten der Fall, und besonders selten trifft es auf Babys zu. Sie haben in der Regel mehr Körperkontakt mit uns als jeder andere Mensch in unserem Leben und können buchstäblich die Spannung in unserem Körper spüren, wenn wir unter Stress stehen. Sich um deine eigene emotionale Gesundheit zu kümmern ist ein entscheidender Teil deiner Fürsorge für dein Baby. Wenn dein Baby oft „Heh" sagt und es keinen besonderen Grund für sein Unbehagen zu geben scheint, solltest du dir ansehen, was in deinem eigenen Leben und in den Beziehungen innerhalb der Familie vor sich geht.

Ignoriere das „Heh" nicht. Denke daran, dass es nicht bewusst geäußert wird, es ist eine reflexartige Äußerung als Reaktion auf etwas, das dein Baby aufregt. Wenn du die Antwort nicht finden kannst, tue, was du kannst, um dein Baby zu beruhigen.

Dermatitis

Wenn dein Baby häufig „Heh" sagt und du keinen offensichtlichen Grund dafür finden kannst, warum es sich unwohl fühlt, solltest du in Betracht ziehen, dass es Milchschorf oder eine langfristige Hauterkrankung wie ein Ekzem oder Neurodermitis haben könnte, die durch eine Allergie oder Stress ausgelöst wurde.

Die Entzündung der Haut, die bei vielen Hautkrankheiten auftritt, geschieht oft zuerst unter der Haut und ist daher eher zu spüren als zu sehen. Dein Baby spürt sie schon, aber du siehst sie noch nicht.

Denke an alles in deiner Umgebung, was die Ursache für Dermatitis sein könnte: Pflanzen oder Gräser, mit denen dein Baby in Kontakt gekommen ist, Reinigungsmittel, Seifen, Lanolin, Gummi, Schmuck, Wolle, synthetische Materialien, Medikamente, bestimmte Lebensmittel, Erschöpfung und eine stark belastete emotionale Atmosphäre – all das wird mit Hauterkrankungen in Verbindung gebracht.

Sprich mit deinem Kinderarzt, wenn du dein Baby über einen längeren Zeitraum hinweg immer wieder „Heh" sagen hörst und vermutest, dass dein Baby eine Hauterkrankung hat.

Reflux

Babys, die unter Reflux leiden, sagen oft „Heh". Zwischen der Speiseröhre und dem Magen gibt es eine Art „Tür", die sich öffnet, um Nahrung hineinzulassen, und die sich wieder schließt, um zu verhindern, dass die Verdauungssäure aus dem Magen in die hochempfindliche Speiseröhre gelangt. Bei Reflux schließt diese „Tür“ nicht richtig, und die Säure tritt aus. Es ist unangenehm, weil die Säure die Innenwand der Speiseröhre tatsächlich verbrennen kann. Bei Neugeborenen tritt dieses Problem häufig auf, weil ihre „Tür“ noch nicht besonders effizient ist. Wenn dein Baby an Gewicht zunimmt und gesund erscheint, ist Reflux kein Problem. Es kann dein Baby jedoch reizbar machen.

Nicht alle Säuglinge mit Reflux spucken. Bei einigen kommt die saure Milch nur einen Teil der Speiseröhre hinauf, und das Baby versucht sie zwischen dem Aus- und Einatmen durch mehrfache kleine Schluckbewegungen hintereinander wieder hinunterzudrücken.

Kontrolle der Temperatur

Richte dich bei der Wahl der Kleidung für dein Baby nach dem, was du trägst. Ziehe ihm eine Schicht mehr an, als du selbst anhast. Wenn dein Baby „Heh“ sagt, prüfe seine Temperatur an der Stirn oder im Nacken. Babys vertragen vor allem Hitze eher schlecht und sind schon bei einer geringen Überhitzung gereizt. Wenn du den Verdacht hast, dass es deinem Baby zu warm ist, überprüfe seine Kleidung und sorge dafür, dass frische Luft im Raum zirkuliert. Denke daran, dass manche Kolikmedikamente Babys überempfindlich gegen Hitze machen und daran, dass vor allem im Sommer der Hautkontakt während des Stillens dein Baby sehr stark aufheizen kann. Halte ein kühles, feuchtes Handtuch bereit.

Krankheit

Wenn dein Baby einen Virus in sich trägt, kann es reizbar sein, kurz bevor sich die vollen Symptome zeigen.

Vielleicht hat es Kopfschmerzen, ihm ist übel oder es hat eine kleine Schleimansammlung, die du nicht bemerkst. Wenn dein Baby „Heh“ sagt, und du keinen offensichtlichen Grund dafür findest, dass es sich unwohl fühlt oder gereizt ist, trage es mit dir herum. So tröstest du es und zeigst ihm, dass es mit seinen Gefühlen nicht allein ist.

Denke jedoch daran, dass du deinen Arzt konsultieren solltest, wenn dein Kind eine Temperatur von mehr als 37,5 Grad hat oder mehr als nur ein wenig gereizt erscheint, um sicherzugehen. Ich habe festgestellt, dass Säuglinge, wenn sie Fieber haben, dazu neigen, am ganzen Körper zu glühen. Du bemerkst vielleicht, dass dir, wenn du mit ihm kuschelst, plötzlich heiß wird. Es ist, als wäre das Baby eine Wärmflasche. Manchmal sind Kinder vielleicht wegen einer leichten Krankheit warm, nicht aber wegen einer erhöhten Temperatur im Ohr oder auf der Stirn.

Windeln

Die Haut von Babys ist sehr empfindlich und kann durch Urin angegriffen werden, wie z.B. bei Windelausschlag. Dein Baby teilt mit, dass es sich in der Windel oder dem, was darin ist, unwohl fühlt. Es kann auch sein, dass die Windel ausgelaufen ist, was bei kleinen Jungen sehr häufig vorkommt, und dein Baby deshalb friert. Häufig ist die Windel zu eng oder einfach nur unbequem. Es ist gut, wenn der kleine Po viel Zeit an frischer Luft bekommt. Lege ein Handtuch unter, lass die Windel zeitweise weg oder probiere die Windelfrei-Methode aus.

Rosalies Geschichte

Rosalie wachte gegen 3 Uhr morgens auf und hörte das Wimmern aus James' Babybett. Da Rosalie das Dunstan Babysprache System erlernt hatte, beschloss sie in dieser Nacht, genau auf dieses Jammern zu hören. Ganz schwach hörte sie ein „Heh". Sie griff leise nach James und tastete ihn ab. Seine Temperatur war in Ordnung. Als sie seine Windel überprüfte, stellte sie fest, dass sie durchnässt war, ebenso wie das Bettzeug, die Matratze und seine gesamte Kleidung. Das arme Baby war auch kalt. Seine Windel saß zu locker und das war das Ergebnis. Hätte Rosalie diese Laute ignoriert, wäre James schon bald ganz aufgewacht. Indem sie sich um die Situation kümmerte, konnte sie es James angenehm machen, sodass er wieder in einen ruhigen Schlaf fand.

Sallys Geschichte

Sallys Sohn Justin wurde im Januar geboren, mitten im Winter. Sie sorgte dafür, dass es in der Wohnung schön warm war und Justin kuschelig in einem Stubenwagen neben ihrem Bett lag. Nachdem Sally die Dunstan Babysprache gelernt hatte, bemerkte sie, dass Justin aufgewacht war und das Wort „Heh" sagte. Sie überprüfte die Windel. Die war ein bisschen nass, also wechselte sie sie. Sie packte ihn wieder ein. Eine Weile später sagte er es wieder. Sie fühlte seine Körpertemperatur und er war heiß, hatte aber kein Fieber. Sie hatte die Heizung im Zimmer angelassen, weil die Temperatur nachts oft um den Gefrierpunkt lag. Außerdem war er in seine dicken Winterdecken eingewickelt. Sally nahm eine der Decken weg, drehte die Heizung auf die niedrigste Stufe und er schlief wieder ein.

Paulas Geschichte

Paulas zweites Kind, Kiara, leidet an einem Ekzem. Sie hat es ziemlich gut unter Kontrolle, aber hin und wieder bricht es aus. Eines Morgens, nach einem von Paulas thailändischen Lieblingsgerichten in einem lokalen Restaurant, fühlte sich Kiara sichtlich unwohl. „Heh, Heh", sagte sie. Es war ihr vorher nicht in den Sinn gekommen, aber Paula fragte sich, ob das Unwohlsein vielleicht auf das scharfe Essen zurückzuführen war, das sie gegessen hatte und das durch ihre Muttermilch weitergegeben wurde. Sie rief in ihrer Arztpraxis an und fragte, ob bestimmte Nahrungsmittel Ekzeme verschlimmern könnten. Ja, das können sie, wurde ihr gesagt. Sie verzichtete ein paar Wochen lang auf alle scharfen Speisen und das Ekzem beruhigte sich tatsächlich.

Phils Geschichte

Einer der wenigen Männer, die allein zum Dunstan Babysprache Kurs kamen, war Phil, ein Vater, der in Elternzeit gegangen war. Zu diesem Zeitpunkt war er unzufrieden mit seinem Beruf als Lehrer. Er war bereit für eine Veränderung und daher froh, sich um seinen Sohn kümmern zu können, damit seine Frau wieder arbeiten gehen konnte. Er sagte scherzhaft, dass er diese Entscheidung manchmal infrage stelle – und zwar dann, wenn sein Sohn Niklas ihm Rätsel aufgab. Es ist sehr schwer, sich um ein Baby zu kümmern, wenn es ständig weint und man nicht weiß, warum. Niklas hatte gerade eine dieser Phasen durchgemacht. Phil hatte nun jedoch die Dunstan Methode neu erlernt. So wusste er jetzt, dass Niklas „Heh" sagte. Kein Wunder, denn Niklas hatte Windelausschlag. Aber das war schon seit Tagen der Fall.

Warum weinte Niklas heute so viel? Phil untersuchte den Ausschlag erneut. Er schien rot und rau zu sein. Phil behandelte ihn und wollte die Windel wieder anziehen, als er kurz innehielt. Er erinnerte sich daran, dass er gerade angefangen hatte, eine billigere Windelmarke zu benutzen, die vermutlich den Ausschlag reizte. Er ging und kaufte die gewohnte Marke, aber das Weinen hielt den ganzen Tag über in unregelmäßigen Abständen an. Da er die Windel oft kontrollierte, bemerkte Phil, dass Niklas den Laut dann sagte, wenn er gerade gepullert hatte. Der Urin reizte also den Ausschlag. Phil holte ein Döschen Creme und trug eine dünne, schützende Schicht auf. Problem gelöst.

Dinas Geschichte

Dina bemerkte, dass ihr Sohn Alex jeden Tag um dieselbe Zeit mürrisch wurde. Es passierte immer beim Nachmittagsspaziergang. Dina wohnt in der Nähe von Sydneys berühmtem Bondi Beach. Sie geht mit Alex im Kinderwagen spazieren und geht dann nach Hause zurück, um ihn zu baden und ins Bett zu bringen.

Dina schob das Weinen auf die typische Schreiperiode am späten Nachmittag. Es beunruhigte sie nicht besonders. Sie schaukelte den Kinderwagen und versuchte, das Baby mit all den Eindrücken und Geräuschen zu unterhalten – vorbeiziehende Rollerblader, Hunde, die gegenseitig ihre Schwänze jagten, andere Mütter und Babys, die sich am Nachmittag vergnügten.
Alex schien sich eine Zeit lang an dem Rummel zu erfreuen. Dann wurde er grantig.

Als Dina die Dunstan Babysprache lernte, wurde ihr klar, warum. Alex sagte „Heh". Da er das immer sagte, wenn er im Kinderwagen saß, wusste Dina, dass das die Ursache sein musste. Aber erst als sie sich hineinbeugte, um seinen verlorenen Schnuller zu suchen, wurde ihr klar, wie heiß es unter dem Vordach war. Die Sonne brannte zwar nicht mehr so stark wie früher am Tag, aber sie war dennoch kräftig. Der arme kleine Alex kochte da drinnen, zumal sie ihn von Kopf bis Fuß abgedeckt hatte, um ihn vor der Sonne zu schützen.

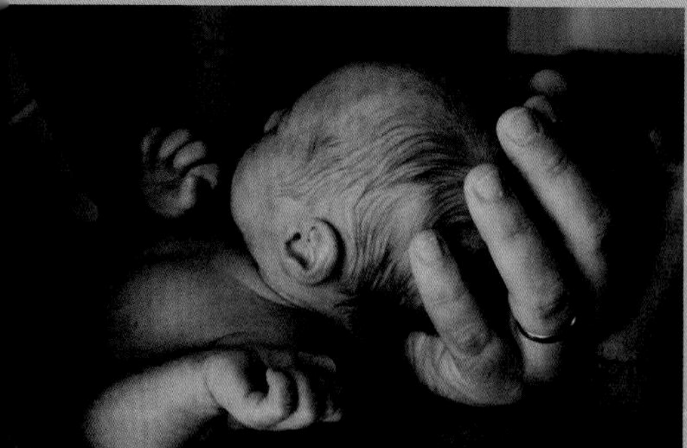

Dina nahm eine einfache Anpassung vor. Sie zog ihm einen lockeren Baumwolloverall an und kaufte einen UV-Sonnenschutz für den Kinderwagen, der die schädlichen Strahlen abhält, aber viel Luft ins Innere strömen lässt.

Theresas Geschichte

Babys sind sehr empfindlich gegenüber extremen Temperaturschwankungen. Selbst an einem schwülen Tag braucht es nicht viel, dass bei Änderungen der Umgebungstemperatur Babys in kurzer Zeit stark auskühlen können.

An einem heißen Sommertag hatte Theresa ihre Tochter Emily auf dem Rücksitz des Autos. Sie hatte die Klimaanlage eingeschaltet, ohne zu merken, dass sie direkt auf das Baby blies. Emily hatte zu weinen begonnen, aber Theresa konnte kein anderes Wort als „Heh" hören. Sie hielt an und untersuchte sie. Ihre kleinen Beine waren eiskalt. Sie wickelte das Baby in eine Decke und setzte es zurück in die Babyschale.
Sobald sie aufgewärmt war, ging es ihr wieder gut.

Jasmins Geschichte

Mit einem Neugeborenen außerhalb des Hauses unterwegs zu sein, kann eine große Herausforderung sein. Bis man es gefüttert hat, mit ihm Bäuerchen gemacht, es zweimal umgezogen hat, weil es das erste Outfit vollgespuckt hat, die Tasche für den Tag gepackt und sich dann schnell selbst angezogen hat, kann man schon völlig erschöpft sein. Jasmin hatte es eilig, zu einem Mutter-Kind-Cafe zu kommen, als sie Gloria im Auto anschnallte.

Sie waren kaum eine Meile gefahren, als Gloria anfing zu weinen. Jasmin konnte das Wort „Heh" hören. Sie hielt an und erkannte das Problem sofort. Sie hatte die Gurte der Babyschale falsch herum angelegt, sodass sie Gloria einschnitten.

Lautkombinationen entdecken

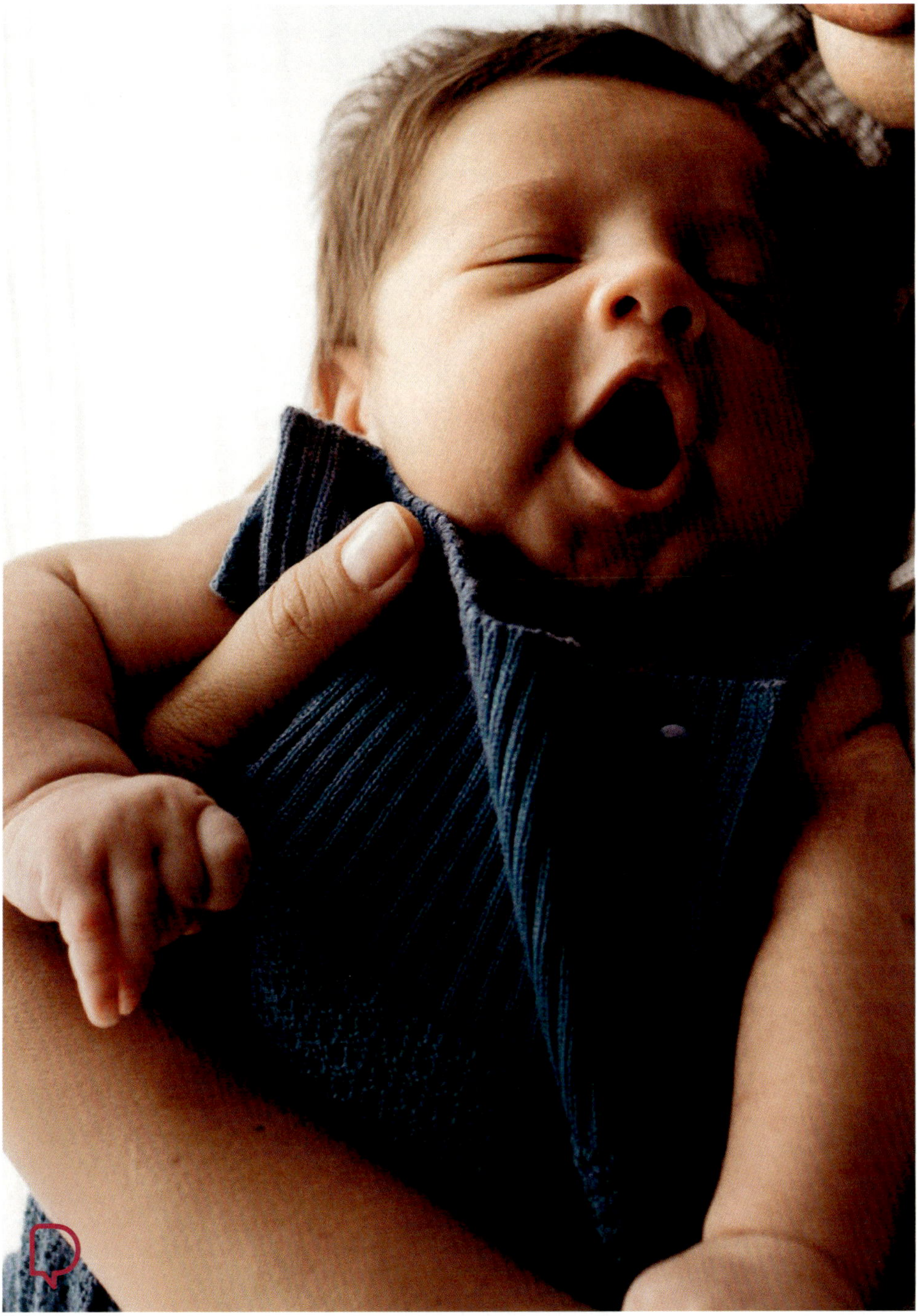

„

Kombinationslaute sind zwei oder mehr Dunstan Babylaute, die miteinander kombiniert werden. Wenn dein Baby reifer wird, hörst du diese Lautkombinationen vielleicht häufiger.

Sie bedeuten, dass dein Baby mehr als ein Bedürfnis hat, das befriedigt werden muss. Beim Laut, welcher am häufigsten gesagt wird, handelt es sich um das Hauptbedürfnis deines Babys. Der zweite Laut ist jedoch ebenso wichtig, weil er weitere Informationen darüber liefert, was dein Baby noch braucht.

“

Kombinationslaute sind Laute, die zusammen geäußert werden, oft ein vorherrschender Laut, dann ein anderer gelegentlicher Laut innerhalb desselben Schreis. Sie unterscheiden sich von Lauten, die nacheinander ausgesprochen werden.

Es gibt 20 mögliche Kombinationen von zwei Lauten. Es ist unwahrscheinlich, dass dein Kind alle 20 Kombinationen verwenden wird. In meiner bisherigen Arbeit habe ich festgestellt, dass die meisten Babys nur fünf oder sechs Kombinationslaute verwenden. In der folgenden Tabelle findest du die möglichen Laut-Kombinationen mit kurzen Erläuterungen, wie du darauf reagieren kannst.

Sekundärer Laut ▸ / Primärer Laut ▾	„Neh“ (hungrig)	„Auw“ (müde)	„Eh“ (Bäuerchen)	„Eärh“ (Bauchweh)	„Heh“ (unwohl)
„Neh“ (hungrig)	sofort Milch geben	**Neh mit Auw** Milch geben und dann schlafen legen	**Neh mit Eh** möglichst erst aufstoßen lassen vor Milch geben	**Neh mit Eärh** Milch geben und dann um Blähungen kümmern, wenn es andauert	**Neh mit Heh** erst Milch geben und dann um Unwohlsein kümmern, wenn es andauert
„Auw“ (müde)	**Auw mit Neh** schlafen legen mit etwas zum Nuckeln	sofort schlafen legen	**Auw mit Eh** in einer erhöhten Position oder im Tragetuch schlafen legen, damit Luft raus kann	**Auw mit Eärh** schlafen legen und Bauch massieren	**Auw mit Heh** auf Ursachen für Unwohlsein prüfen und schlafen legen
„Eh“ (Bäuerchen)	**Eh mit Neh** Bäuerchen machen und dann stillen oder etwas zu nuckeln geben	**Eh mit Auw** Bäuerchen machen und dann schlafen legen	sofort Bäuerchen machen	**Eh mit Eärh** Luft durch Halte- und Massagetechniken hinaus befördern	**Eh mit Heh** Bäuerchen machen und dann um Unwohlsein kümmern, wenn es andauert
„Eärh“ (Bauchweh)	**Eärh mit Neh** Blähungen wegmassieren, dann stillen oder etwas zu nuckeln geben	**Eärh mit Auw** Blähungen wegmassieren und dann schlafen legen	**Eärh mit Eh** Blähungen wegmassieren, dann Bäuerchen machen	sofort um Blähungen kümmern	**Eärh mit Heh** Blähungen wegmassieren, dann um Unwohlsein kümmern, wenn es andauert
„Heh“ (unwohl)	**Heh mit Neh** etwas zu nuckeln geben für Geborgenheit	**Heh mit Auw** gereizt und müde - braucht Hilfe beim Einschlafen	**Heh mit Eh** gereizt mit Aufstoßen - braucht extra Bäuerchen	**Heh mit Eärh** gereizt mit Blähungen, braucht Zeit, um Problem in den Griff zu bekommen	prüfe Windel, Kleidung, Temperatur, Raum etc.

Laute, die du wahrscheinlich hören wirst

Ich habe festgestellt, dass Babys mit Blähungen eher dazu neigen, die Kombinationen aus „Eh“ und „Eärh“ zu bilden als andere.

Viele Babys mit Reflux und Schlund- oder Sodbrennen produzieren Kombinationen mit „Neh“, „Eh“ und „Heh“, während Kolikbabys eher die Laute „Eärh“, „Eh“ und „Heh“ kombinieren.

Babys, die gerne nuckeln und besonders gerne kuscheln (vor allem Jungen), bevorzugen „Neh“-Kombinationen.

Babys mit Allergien verwenden häufig „Heh“-Kombinationen. Wenn ihr Verdauungssystem betroffen ist, verwenden sie häufig „Eärh“- Kombinationen.

Erlernen der Kombinationslaute

Die Kombinationslaute sind leicht zu interpretieren, aber sie können schwer zu hören sein. Du musst die einzelnen Laute beherrschen, bevor du versuchst, auf Kombinationen zu lauschen.

Höre deinem Baby aufmerksam zu und identifiziere den Laut, den dein Baby am häufigsten benutzt. Dies ist der primäre Laut. Er erscheint am linken Rand der Tabelle auf der vorherigen Seite.

Wenn du zudem andere Laute hören kannst, handelt es sich um sekundäre Laute, die oben in der Tabelle erscheinen. Anhand der Tabelle kannst du das primäre Bedürfnis mit dem sekundären Bedürfnis abgleichen und eine grundlegende Lösung finden.

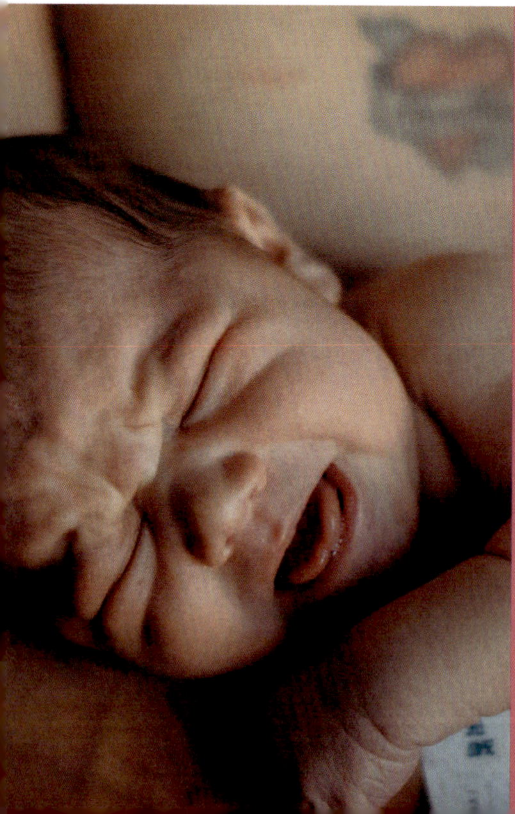

Beispiel 1

Baby Nathan wacht auf. Seine Mutter Jenny hört den Laut „Eh Eh Eh“. Also hebt sie ihn hoch und legt ihn sich an die Schulter, denn sie weiß, dass Nathan so gern sein Bäuerchen macht.

Er macht ein Bäuerchen, und Jenny ist glücklich, weil sie das Wort richtig erkannt hat. Dann beginnt Nathan einen anderen Laut zu sagen. Jenny hört zu und vernimmt das deutliche „NNNN“ von „Neh Neh“.

Jenny füttert Nathan also. Sie stellt fest, dass Nathan ihr zwei verschiedene Bedürfnisse mitgeteilt hat. Nathan musste ein Bäuerchen machen und war danach hungrig.

Beispiel 2

Greg ist mit Baby Hanna allein zu Hause, während seine Frau Isabel einen wohlverdienten Einkaufsbummel macht. Hanna hat ganz ruhig gespielt und die bunten Bälle über ihrem Bettchen beobachtet.

Sie fängt an, leise Geräusche zu machen. Zunächst denkt Greg, dass sie fröhlich spielt, doch dann werden die Töne etwas drängender, sodass Greg von seinem Handy aufschaut und aufmerksam zuhört. Er hört Hanna „Auw“ sagen und sieht sich die Tabelle an, die Isabel an den Kühlschrank geklebt hat. Greg denkt, dass sie müde sei.

Also nimmt er die Bälle weg (um die Umgebung weniger ablenkend zu gestalten) und macht es ihr bequem, damit sie schlafen kann. Aber Hanna gibt immer wieder Töne von sich. Als Greg weiter zuhört, hört er zwischen den vielen „Auw“-Lauten gelegentlich ein „Neh Neh“. Der Laut „Auw“ und der Laut „Neh“ werden in demselben Weinen geäußert. Greg erkennt, dass Hanna an etwas nuckelnd einschlafen möchte.
Er nimmt die Flasche mit abgepumpter Milch, die Isabel vorbereitet hat, und innerhalb weniger Minuten ist Hanna an der Flasche saugend eingeschlafen.
Greg hat zwei Laute in einem Schrei gehört. Das ist ein Kombinationslaut.
Du wirst feststellen, dass einer der Laute häufiger gesagt wird als der andere. Greg hörte mehr „Auw“ als „Neh“.

Das Weinen könnte sich in etwa so anhören: „Auw ghgjf Auw jhfgkd Auw shgdsjhg Neh sdhgf Auw gfgh Auw“.

Siehst du? Wenn du das Gebrabbel rausnimmst, hat Greg Hanna „Auw Neh Auw“ sagen hören. Das bedeutet, dass die Kleine müde ist (primärer Laut und Bedürfnis), aber an etwas nuckelnd einschlafen will (sekundärer Laut).

Wenn du weitere Einzelheiten zu den Laut-Kombinationen erfahren möchtest, lies die nächsten Kapitel, die nach den Bedürfnissen geordnet sind. Genieße diesen Teil des Lernens, denn er wird dir viele Informationen über dein Baby geben.

„Neh“-Kombinationen

„Neh“ allein bedeutet, dass dein Baby hungrig ist. Füttere dein Kind und danke ihm dafür, dass es so leicht zu verstehen ist. Aber wenn das Wort in Kombination gesagt wird, kann es komplizierter werden.

„Neh“ mit „Auw“

Wenn du dein Baby den Laut „Neh“ mit einem gelegentlichen „Auw“ sagen hörst, bedeutet dies, dass dein Baby hungrig ist und auch müde wird. Bei dieser Kombination solltest du dein Kind füttern, aber erwarten, dass es entweder am Ende der Mahlzeit oder direkt danach einschläft.

Wenn dein Kind mit dieser Lautkombination aufwacht, bedeutet das, dass es zwar hungrig ist, aber danach gern weiter schlafen würde. Das ist eine tolle Kombination, vor allem nachts, denn sie bedeutet, dass du noch etwas Schlaf bekommst!

Was du hörst: viele „Nehs“ mit einem gelegentlichen „Auw“: „Neh Neh Auw Neh“.

Beruhigungstechniken

Am besten eignen sich Techniken, die ruhig und körpernah sind, damit dein Kind deinen Herzschlag hören kann. Wähle solche, die es dir ermöglichen, dein schlafendes Baby in das Kinderbett oder an den Ort zu bringen, wo du es ablegen möchtest.

Nebenstehend findest du zwei Beispiele für Stillpositionen, die dir dabei helfen. Beide Stillpositionen eignen sowohl für das Stillen als auch für das Füttern mit der Flasche.

In dieser Wiegehaltung beim Stillen schläft dein Baby leicht ein, und du kannst einfach aufstehen, während du es noch hältst. Die gleiche Position eignet sich auch für das Fläschchengeben und ermöglicht Nähe und Geborgenheit, die dein Baby glücklich einschlafen lassen.

Das Stillen im Liegen kann gut funktionieren, besonders wenn du dich von der Geburt erholen oder nicht in der kalten Nachtluft sitzen willst. Lege dein Baby so hin, dass sein Kopf zu deiner Brust zeigt. Stütze deine Brust so wie im Sitzen und forme sie sanft mit Daumen und Zeigefinger. Halte dein Baby fest und führe seinen Mund zu deiner Brust. Wahrscheinlich wird es in deinem Bett einschlafen. Danach kannst du es in das Kinderbettchen legen, wenn du möchtest, oder es einfach bei dir lassen. Mit einer Begrenzung, wie z.B. einem Gitter, kannst du dafür sorgen, dass es nicht aus dem Bett fällt.

Cheryls Geschichte

Cheryl hat drei Kinder unter fünf Jahren. Das Leben daheim kann etwas chaotisch sein, vor allem wenn es auf das Abendessen zugeht. Ihre beiden Ältesten (5 und 3 Jahre) machen gerade die wunderbare Phase durch, in der Kinder gern helfen.

Durch die Kenntnis der Dunstan Babysprache Methode, so sagt sie, können ihre großen Kinder noch hilfreicher sein als sonst.

Wenn sie zum Beispiel ihr Baby Leo „Neh Neh Neh Auw" sagen hört, weiß sie, dass er vor allem Hunger hat, aber auch ein bisschen müde ist. Sie wird ihn füttern, während sie Jonas, dem Fünfjährigen, die Aufgabe gibt, das Kinderbett vorzubereiten.

Wenn Leo nur „Neh Neh Neh" sagt, weiß Cheryl, dass er hungrig ist und nach dem Füttern vielleicht noch eine Weile aufbleiben möchte. In diesem Fall bittet sie die anderen Kinder, ein paar Spielsachen für das Baby zu holen. Indem sie zusammenarbeiten, tragen sie alle dazu bei, Leos Bedürfnisse zu erfüllen.

Maries Geschichte

Marie, eine Mutter in den Zwanzigern, entschied sich, ihren Job aufzugeben, als sie ihr Baby Alicia bekam. Da sie den ganzen Tag zu Hause ist und nur wenige Nachbarn hat, verbringt sie gern so viel Zeit wie möglich plaudernd mit Freunden.

Seitdem sie das Dunstan Babysprache System kennengelernt hat, weiß sie jedoch, dass es Zeiten gibt, in denen das nicht möglich ist.

Wenn sie Alicia „Neh Neh Neh Auw" sagen hört, bedeutet das, dass sie hungrig ist, aber wahrscheinlich bald nach dem Füttern einschlafen will. Normalerweise war das der Zeitpunkt, an dem sie zum Telefon griff, um ein Gespräch mit einer Freundin zu führen, während Alicia weinte.

Jetzt hat Marie den Vorteil, dass sie ein wenig vorausplanen kann, wenn eine Freundin zu diesen Zeiten anruft. Sie kann sie einfach bitten, in einer halben Stunde noch einmal anzurufen, weil sie weiß, dass Alicia dann schläft.

Susannes und Georgs Geschichte

Susanne und Georg waren mit ihren beiden Kindern, Finn und Karl, in den Urlaub gefahren. Das Ferienhotel hatte einen Thementag mit Hüpfburgen, Clowns und Ponyreiten organisiert. Finn, der Fünfjährige, wollte natürlich den ganzen Tag dabei sein.

Alle zusammen genossen sie das Angebot. Als sie jedoch ins Zimmer zurückkehrten, fing Karl an zu weinen: „Neh Neh Neh Auw." Susanne wusste sofort, dass er hungrig war, aber auch sehr müde nach diesem großen Tag.

Karl brauchte etwas Ruhe. Sie wollte ihn füttern und dann direkt ins Bett bringen.

Also ermutigte sie Georg, mit Finn einen Hot Dog zu essen, während sie sich um Karl kümmerte. So wurden die Bedürfnisse beider Kinder auf eine Weise erfüllt, die für alle akzeptabel war.

„Neh" mit „Eh"

Wenn du dein Baby die Laute „Neh" und gelegentlich „Eh" sagen hörst, bedeutet das, dass dein Baby zwar Hunger hat, es aber gleichzeitig auch eine Luftblase drückt. Idealerweise nimmst du dein Baby hoch, schaust, ob ein kurzes Bäuerchen herauskommt (aber nicht, wenn es dein Kind verärgert) und fütterst es dann.

Du wirst feststellen, dass dein Kind nach der Hälfte der Fütterung ein Bäuerchen macht, pupst oder sich von der Brust oder Flasche löst und ein Bäuerchen machen möchte. „Neh" und „Eh" sind leicht zu verwechseln, vor allem, wenn man die Klassifizierung gerade erst noch lernt.

Der Unterschied ist wichtig. Wenn du versuchst, ein hungriges Baby aufstoßen zu lassen, ohne ihm vorher etwas zu trinken zu geben, wird das Baby sehr unruhig. Füttere es erst ein wenig, dann lass es aufstoßen und füttere erneut, wenn das Baby „Neh" sagt.

Beruhigungstechniken

Wenn ein „Eh" oder „Eärh" auftritt, empfehle ich in der Regel eine aufrechtere Haltung, da so die Luftaufnahme reduziert und die Luftabgabe gefördert wird. Ich sehe auch sehr gute Ergebnisse, wenn das Baby vor dem Füttern aufstoßen kann.

1. Oft sehe ich Mütter, die ihr Baby von der Brust ziehen und versuchen, es aufstoßen zu lassen, wenn das Baby noch „Neh" für Hunger sagt. Wenn das Baby bereits unter Blähungen leidet, kann das diese verschlimmern. Beobachte und höre genau hin, um zu erkennen, wann dein Baby ein Bäuerchen braucht.

2. Positionen, in denen das Baby schräg liegt und der Kopf höher ist als der Popo, minimieren Bauchweh.

3. Wenn dein Baby während des Flaschegebens abdockt, muss es wahrscheinlich aufstoßen. Achte auf den Laut „Eh". Nimm das Fläschchen bestimmt weg und hebe das Baby auf deine Schulter oder setze es auf, um ein Bäuerchen zu machen. Wenn es „Neh" sagt, füttere es weiter.

Hier sind zwei weitere Beispiele für aufrechte Füttertechniken. Bitte beachte: Solange du den Kopf des Babys deutlich über seinem Bauch hast, kannst du denselben Effekt auch in einer bequemen Sitzposition erzielen.

Die Meinungen darüber, welche Brust zuerst angeboten werden und wann man dem Baby erlauben sollte, von einer Brust zur anderen zu wechseln, gehen auseinander. Ich habe die Erfahrung gemacht, dass Babys automatisch die vollste Brust wählen. Wenn es auf einer Seite keine Milch mehr hat, sagt es „Neh", und du wechselst die Seite.

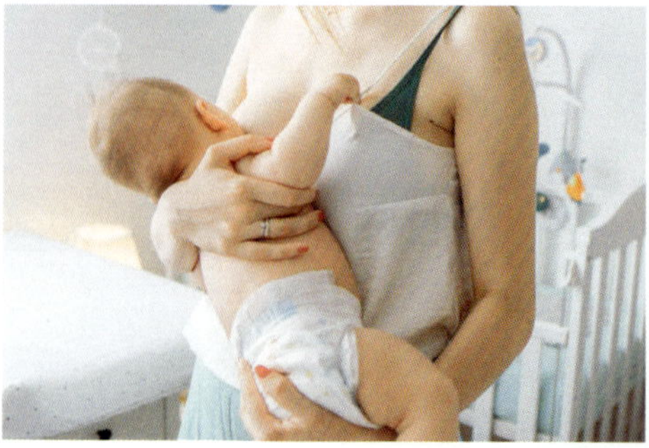

Johannas Geschichte

Jedes von Johannas Mädchen – sie hat vier – hatte Probleme mit Bauchweh.

Sie hat es immer so gemacht, dass sie ihr Baby gefüttert und es dann in der Mitte der Mahlzeit von der Flasche genommen hat, um es aufstoßen zu lassen.

Nachdem Johanna das Dunstan Babysprache System erlernt hatte, stellte sie fest, dass ein etwas anderer Ansatz ihrer Jüngsten, Emma, geholfen hat. Eines Tages fing Emma an, „Neh Neh Eh" zu schreien. Johanna verstand, dass sie hungrig war. Weil sie auch den Laut „Eh" gehört hatte, wusste sie, dass auch eine Luftblase festsaß.

Eine Technik, um mit dem „Eh"-Laut umzugehen, besteht darin, Babys aufrecht zu tragen, um ihnen zu helfen, die Luft loszuwerden. Sie beschloss, Emma vor dem Füttern ein paar Minuten lang hoch auf der Schulter zu tragen. Es kam ein schönes Bäuerchen heraus.

Johanna begann, Emma zu füttern, aber als sie auf halbem Weg den Laut „Eh" hörte, hielt sie an und ließ sie erneut ein Bäuerchen machen, bevor sie die Fütterung fortsetzte. Sie sagt, dass dieser Ansatz hervorragend für Emma funktioniert, die gut trinkt, ohne sich dabei unwohl zu fühlen.

„Neh" mit „Eärh"

Wenn du „Neh" und gelegentlich „Eärh" gleichzeitig hörst, muss dein Baby gefüttert werden und hat Bauchschmerzen.

Diese Kombination von Lauten hört man nicht oft. Manchmal möchte dein Baby an etwas saugen, um den Schmerz zu lindern, oder es möchte kurz gefüttert werden.

Wenn es trinkt, wird es wahrscheinlich häufig von der Brust oder Flasche an- und abdocken oder nicht richtig saugen können, da es versucht, mit den Schmerzen fertig zu werden. Du hörst auf: „Neh Eärh Neh".

Beruhigungstechniken

1. Setze das Baby in ein Tragetuch hinein und gehe umher, während du ihm die Brust oder die Flasche anbietest. Bewegung und Nuckeln beruhigen selbst die wählerischsten Babys und die Bewegung hilft auch, die Blähungen abzubauen.

2. Füttere dein Baby und massiere dann mit langsamen, kreisenden Bewegungen seinen Bauch und den unteren Rücken.

3. Wende einige der gängigen Techniken an, um die Blähungen zu lindern, wie z.B. den Lotus- oder Buddhasitz oder Radfahren mit den Beinen.

Lege dein Baby mit dem Rücken auf deinen Schoß. Bewege seine Beine wie beim Fahrradfahren auf und ab. Achte auf eine lockere Windel.

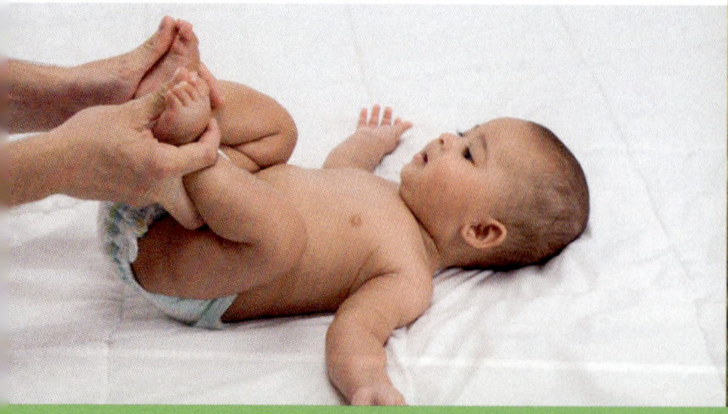

Tinas Geschichte

Der kleine Dany war an Durchfall erkrankt, deshalb hatte er nur wenig zu sich genommen. Einige Tage nachdem das Schlimmste überstanden war, ließ seine Mama Tina ihn bei der Oma.

Als sie vom Einkaufen zurückkam, war Dany bereits in einen Refrain von „Neh, Neh, Neh" verfallen. Als Tina sich daranmachte, eine Flasche zuzubereiten, bemerkte sie, dass Dany „Neh Neh Neh Eärh" sagte. Das bedeutete, dass er wieder Appetit hatte, aber noch Schmerzen im unteren Verdauungstrakt.

Tina fütterte ihn ein wenig und massierte sein Bäuchlein. Innerhalb einer Stunde war Dany wieder hungrig, diesmal sagte er nur „Neh Neh Neh". Die Schmerzen in seinem Bauch schienen verschwunden zu sein.

„Neh“ mit „Heh“

Wenn dein Baby hauptsächlich „Neh“ und gelegentlich „Heh“ sagt, bedeutet das, dass es hungrig ist und sich unwohl fühlt. Wenn es die letzten Male sehr wenig getrunken hat, könnte es unangenehm hungrig sein, aber in den meisten Fällen wird es sich gegen die Position wehren, in der es sich befindet.

Füttere dein Baby oder lass es weiter trinken, aber versuche, die Ursache des Unwohlseins zu beseitigen.

Prüfe, ob deinem Kind zu warm oder zu kalt ist. Vielleicht ist seine Kleidung zu eng, oder es liegt in einer unbequemen Position. Manchmal kann auch Hunger die Ursache sein – wie bei Heißhunger.

Wenn es deinem Kind nicht gut geht, wirst du feststellen, dass es zwischen dem „Neh“ auch „Heh“ sagt. Zudem sagt es auch zu anderen Zeiten „Heh“.

Beruhigungstechniken

1. Versuche, die Fütterposition anzupassen oder zu ändern, falls dies die Ursache für die Beschwerden ist.

2. Versuche, den Raum zu wechseln, in dem du fütterst. Ist der Raum, in dem du dich befindest, zu warm, zu laut oder zu hell?

3. Passe die Kleidung an, die dein Baby trägt. Das Milchgeben sollte eine Bindungserfahrung sein. So wie wir uns darauf vorbereiten, indem wir uns mit einem Kissen und einem Glas Wasser hinsetzen, braucht auch dein Kind Zeit, um sich darauf einzustellen und es sich bequem zu machen.

Versuche es auch mit Haut-an-Haut-Kontakt, denn der ist beruhigend für dein Baby.

Kathys Geschichte

Lange Strecken mit einem Baby zu fahren, kann im besten Fall eine Herausforderung sein. Es kann ein Alptraum sein, wenn das Baby hungrig ist und es satt hat, im Auto angeschnallt zu sein.

Eines Abends machte sich Kathy in der Hauptverkehrszeit auf eine zweistündige Fahrt durch dichten Verkehr zum Haus ihrer Schwiegereltern. Normalerweise wäre sie zu dieser Tageszeit nicht gefahren, aber sie hatte versprochen, zu einem besonderen Abendessen dort zu sein. Ihr Sohn Kieran saß auf dem Rücksitz. Es regnete, sie hatte rasende Kopfschmerzen und auf einem Autobahnabschnitt, auf dem sie nicht anhalten konnte, begann Kieran zu schreien: „Neh Neh“.

Sie wusste, dass er hungrig war, aber sie konnte nichts dagegen tun. Es dauerte nicht lange, bis das Weinen eskalierte: „Neh Neh Heh.“ Der Verkehr wirbelte um sie herum. Schilder warnten davor, dort anzuhalten. Kieran schrie.
In ihrer Verzweiflung blinkte Kathy und hielt an, wobei sie die Warnblinkanlage einschaltete, um andere Autofahrer auf sich aufmerksam zu machen. Sie hob Kieran aus seinem Sitz und begann, ihn zu füttern. Sie fühlte sich unglaublich verletzlich, als sie da saß und die riesigen Lastwagen vorbeirauschten. Aber es war sicherer, als die Fahrt fortzusetzen mit einem Kind, das hysterisch weinte.

Carlas Geschichte

Carla leitet eine wichtige Wohltätigkeitsorganisation, der einige der einflussreichsten Frauen ihrer Stadt angehören. Für einen Nachmittag hatte sie die Frauen zum Tee eingeladen. Die Unterhaltung lief gut, als sie ihre Tochter Yvette im Hintergrund weinen hörte.

Sie hörte Yvette „Neh Neh" sagen.

Sie hatte Milch abgepumpt und wusste, dass das Kindermädchen sie füttern würde, aber einen Moment später hatten sich Yvettes Schreie leicht verändert und ein „Heh" war zu den „Nehs" gekommen. Carla ging hinein, um zu sehen, was los war. Das Kindermädchen hatte Yvette fest eingewickelt, damit sie nicht herumzappelte beim Füttern, ohne zu wissen, dass Yvette es mochte, die Person zu spüren, die sie fütterte.

Sobald sie ausgepackt war, ließ sich Carla mit Yvette zu einer ausgiebigen Mahlzeit nieder. Carla konnte danach ihre Pflichten als Gastgeberin wieder aufnehmen. Carla sagt, unter normalen Umständen hätte sie sich schlecht gefühlt, wenn sie ihre Gäste als Gastgeberin allein lässt. Aber das Wissen, dass sie Yvettes dringendes Bedürfnis erfüllte, machte alles andere irgendwie unwichtig.

Es ist an der Zeit, so sagt sie, dass sie ihrem Kindermädchen einige der Techniken der Dunstan Babysprache beibringt, damit sie besser auf die Bedürfnisse ihrer Tochter eingehen kann.

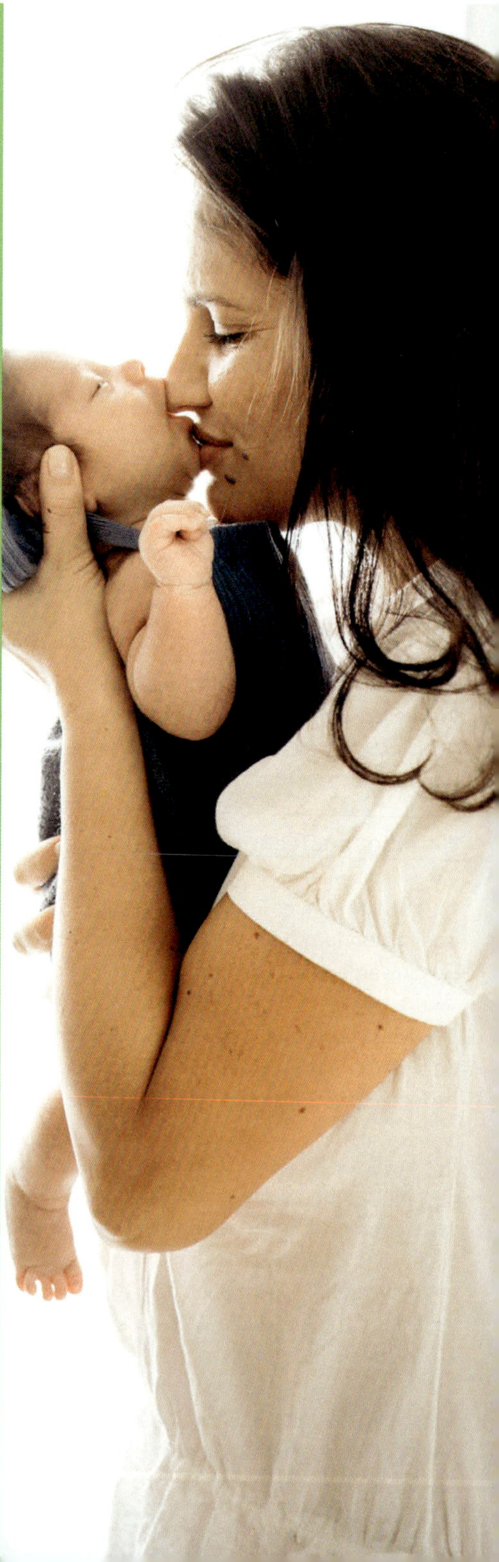

„Auw"-Kombinationen

Wenn du „Auw" hörst, kannst du dir sicher sein, dass dein Baby müde oder sogar übermüdet ist. Es ist wichtig, schnell zu reagieren. Manche Babys schlafen sofort ein. Andere müssen gestreichelt oder geschaukelt werden, vor allem, wenn sie schon seit einiger Zeit „Auw" sagen.

„Auw" mit „Neh"

Ein Baby, das „Auw" mit „Neh" sagt, macht damit deutlich, dass es müde ist und an etwas nuckeln will, um einzuschlafen.

Es könnte einen Versuch wert sein, es in den Schlaf zu stillen. Wenn es jedoch nicht wirklich trinkt, sondern nur nuckelt (vor allem beim Stillen), ist dies eine der Situationen, in denen wir die Verwendung eines Schnullers befürworten.

Es ist weder für dein Baby noch für dich gesund, wenn es zur Gewohnheit wird, es in den Schlaf zu stillen. Wenn du also feststellst, dass es nicht trinkt, ersetze die Brust rasch durch Schnuller oder Finger und lege es zum Schlafen hin.

Wenn dein Baby etwa fünf Minuten lang geschlafen hat, solltest du zum Bettchen zurückkehren und den Schnuller vorsichtig aus dem Mund nehmen, damit dieser nur eine Einschlafhilfe bleibt und kein Dauerzustand wird.

Michelles Geschichte

Michelle ist ein sehr sozialer Mensch. Ihr Terminkalender ist vollgepackt mit Verabredungen. Michelle hält nichts von Babysittern. Als ihre Tochter Charlotte geboren wurde, setzte Michelle ihr Leben auch mit ihr wie gewohnt fort.

An dem Tag, an dem ich sie traf, kam sie direkt vom Brunch in einem belebten Stadthotel. Charlotte war hysterisch. Ich fand es selbst schwer, ihre Laute zu verstehen. Ich half ihr, Charlotte zu beruhigen und gemeinsam hörten wir zu, was Charlotte sagte.

Michelle war überrascht, wie deutlich sie das „Auw" hören konnte, was bedeutet, dass ein Baby sofort schlafen muss. Als Charlotte sich

immer mehr beruhigte, konnten wir sie auch „Neh" sagen hören. Ich schlug ihr vor, Charlotte einen Schnuller zu geben, damit sie daran nuckeln konnte. Sie schlief innerhalb weniger Minuten ein.

Das war eine schwierige Situation. Es ist nicht meine Aufgabe, mich in Michelles Leben einzumischen. Aber diese von Erwachsenen bestimmte Routine ist zu viel für ein kleines Baby. Ständige Aktivität hält uns davon ab, die Signale des Babys richtig zu hören. Wenn Babys in einen gestressten Zustand geraten, ist es schwierig, ihre Signale zu entschlüsseln. Der erste Schritt ist immer, das Baby zu beruhigen, bevor wir die Situation analysieren.

Melindas Geschichte

Melindas Sohn Jaron war von Geburt an eifrig am Stillen interessiert. Er hatte absolut keine Probleme mit dem Anlegen. Es war so, als ob er an der Brust so viel Zeit wie möglich verbringen wollte. Melindas Brustwarzen wurden wund, und sie war müde vom ständigen Stillen. Erschwerend kam hinzu, dass Jaron tagsüber nach jeder Mahlzeit glücklich schlief, eingekuschelt mit seinem Schnuller, aber nachts nicht gut.

Eines Abends, etwa eine Woche nachdem sie das Dunstan Babysprache System erlernt hatte, hörte Melinda Jaron deutlich „Auw" sagen, etwa zu der Zeit, zu der sie ihn normalerweise ins Bett brachte. Er war gerade gefüttert worden, also legte sie Jaron direkt in sein Bettchen, gab ihm seinen Schnuller und tätschelte ihm wie üblich den Rücken. Er schlief ein.

Melinda hoffte, dass Jaron weiterschlafen würde, und war bestürzt, als sie hörte, wie er weniger als zwei Stunden später zu weinen begann. Ihre Brustwarzen waren so rissig, dass sie zu bluten begonnen hatten. Sie ging in Jarons Zimmer und hörte ihn „Neh" sagen. In ihrer Verzweiflung kam ihr der Gedanke, Jaron noch einmal den Schnuller zu geben.

Das hatte sie nie versucht, weil sie annahm, Jaron müsse hungrig sein. Jaron spuckte den Schnuller aus und jammerte weiter. Melinda konnte „Auw Neh" hören. „Neh" war eindeutig das zweite Wort. Melinda blieb die nächsten 30 Minuten bei Jaron und steckte ihm jedes Mal den Schnuller wieder rein, wenn er ihn ausspuckte. Jaron war ruhig und wurde immer müder. Schließlich schlief er ein.
In der nächsten Nacht tat Melinda dasselbe, und in der darauffolgenden Nacht schlief Jaron zum ersten Mal richtig durch. Melinda fühlte sich wie eine neue Frau.

Annas Geschichte

Es ist zwar wichtig, auf die Laute im Schrei zu hören, aber genauso wichtig kann es sein, auf den ganzen Satz des Babys zu hören und nicht nur das Wort.

Anna, eine der Mütter, die an einem Gruppenkurs zur Dunstan Babysprache teilnahm, schien überrascht, dass ihr Sohn Damien „Neh" sagte. „Aber ich habe ihn doch erst vor kurzem gefüttert!", sagte sie. „Man muss den ganzen Satz hören", antwortete ich.

Damien hatte tatsächlich „Neh" gesagt, aber häufiger sagte er „Auw". Das, erklärte ich, bedeutete, dass er nur einen kleinen Nachschlag wollte, bevor er schlafen wollte. Anna war dagegen. Sie fütterte nach einem strengen Zeitplan, sodass es ihr seltsam erschien, ihn eine Stunde später schon wieder zu füttern. Aber sie tat es, und Damien schlief ein.

Als Anna das System vollständig erlernt hatte, sagte sie mir, dass sie nun offener dafür sei, neue Erziehungsmethoden mit Damien auszuprobieren. Anstatt sich damit abzufinden, dass er in den Stunden zwischen den Mahlzeiten weint und quengelt, kann sie auf seine Bedürfnisse eingehen und im Allgemeinen Unruhe vermeiden. Es war ein ziemlicher Schritt für sie, die Dunstan Babysprache überhaupt erst zu lernen. Sie stammt aus einer traditionsreichen italienischen Familie, die ihre eigene Art der Kindererziehung habe, sagte sie.

Anna hatte das Gefühl, dass sie die Werte ihrer Familie quasi verraten hätte, als sie den neuen Ansatz im Umgang mit Babys verfolgte, den sie anfangs als ein bisschen „New Age" empfand. Jetzt sieht sie die Dunstan Babysprache als Teil einer anerkannten und bewährten Methode der intuitiven Erziehung.

„Auw“ mit „Eh“

Wenn du „Auw“ mit „Eh“ hörst, ist dein Baby müde, hat aber eine drückende Luftblase, die gelöst werden muss, damit es gut schlafen kann.

Es kann helfen, wenn du dein Baby aufrecht an deiner Brust hältst, es streichelst und es dort einschlafen lässt. Die Haltung hilft ihm, die Luftblase auszustoßen, während das Streicheln den Schmerz lindert und dein Baby tröstet, während es einschläft.

1. Bei einem kurzzeitigen Luftblasenstau ist es ganz einfach, dein Baby vor dem Einschlafen noch schnell aufstoßen zu lassen. Natürlich solltest du Bäuerchen auf eine ruhige, sanfte Weise machen, um dein Baby nicht zu sehr zu stimulieren, bevor du es in den Schlaf wiegst. Es ist zum Beispiel eine gute Idee, das Baby an der Schulter kuschelnd zu beruhigen.

2. Bei einem langfristigen Luftblasenstau (aufgrund von Übelkeit oder einer anderen Erkrankung) empfehle ich oft, den Oberkörper des Babys während des Schlafs ganz leicht zu erhöhen, damit die Luftblasen in der Ruhephase nach oben wandern können.

Bitte beachte: Hebe den Kopf nicht mit einem Kissen an.

Besonders wenn Babys lernen, sich auf den Bauch zu drehen und noch nicht die Kraft haben, sich zurückzurollen oder den Nacken zu drehen, stellt ein Kissen ein Erstickungsrisiko dar. Am besten ist es, ein Buch oder eine dicke Yogamatte unter die hinteren Beine des Kinderbettes zu legen, um den ganzen Körper in eine sanfte Schräglage zu bringen – höchstens um 5 Grad. Eine andere Idee ist es, dein Baby tagsüber ins Tragetuch zum Schlafen zu nehmen.

Nadines Geschichte

Eine Erkrankung des Babys kann bedeuten, dass du dein Ohr auf andere Bedürfnisse einstellen musst. Wenn dein Baby eine Erkältung hat, kann das übliche Schlaf- und Essverhalten durcheinander geraten. Vielleicht musst du auf Laute wie „Auw“ und „Eh“ achten, die dir sagen, dass dein Baby nicht nur müde ist, sondern auch aufrecht gehalten werden möchte, weil seine Atemwege verstopft sind.

Nadine wusste nicht, dass dies bei ihrer Tochter Hanna der Fall war. Nadine, Mutter von drei kleinen Töchtern, ist selbstständige Illustratorin und in der glücklichen Lage, ihr Baby mit zur Arbeit nehmen zu können.

Hanna hatte in den letzten Tagen kaum geschlafen. Sie sagte ganz deutlich „Auw“ und „Eh“. Ich erklärte Nadine, dass dies bedeutete, dass Hanna müde sei, aber Schwierigkeiten habe, Luft zu holen, weil sie flach lag und mit einer verstopften Nase und verschleimten Bronchien zu kämpfen hatte. Nadine stellte jede Menge gehackte Zwiebeln in die Nähe des Stubenwagens, um Hannas Nasengänge zu befreien. Aber es kam ihr nie in den Sinn, sie leicht aufrecht zu halten. Ich schlug ihr vor, Hanna in ihrem Stubenwagen in leicht erhöhter Position zu lagern, während sie weiterarbeitete. Nadine war von der sofortigen Veränderung begeistert. Sie konnte weiterarbeiten, während Hanna ihren dringend benötigten Schlaf nachholte. Doch am nächsten Tag rief Nadine an und teilte mit, dass Hanna hohes Fieber habe und wieder unruhig sei.
Diesmal sagte Hanna „Auw“ und „Neh“, um Nadine zu sagen, dass sie müde war, aber etwas trinken wollte, bevor sie wieder einschlief. Nadine war in der Lage, während dieser Krankheit und darüber hinaus ein offenes Ohr für Hannas Bedürfnisse zu haben.

Bettys Geschichte

Auch noch so viel Streicheln konnte die kleine Eva nicht trösten. Sie schlief zwar, aber nie, wenn ihre Mutter Betty sie ins Bettchen legte – nicht einmal nach einer Stunde Trösten.

Ich brauchte nicht lange, um herauszufinden, warum Eva gern gehalten wurde, als ich von ihr „Auw“ und „Eh“ hörte. Sie war müde und hatte eine festsitzende Luftblase. Aber es machte noch mehr Sinn, als ich mit Betty darüber sprach, wie Eva auf die Welt gekommen war. Eva war per Kaiserschnitt geboren. Babys, die auf diese Weise zur Welt kommen, haben oft mehr Flüssigkeit in der Lunge.

Sie fühlen sich wohler, wenn sie aufrecht gehalten werden. Natürlich hatte Bettys Arzt ihr gesagt, dass es die Situation erleichtern würde, wenn sie ihr Baby in einer leichten Schräglage schlafen ließe, aber ihr war nie klar, wie sehr Eva das brauchte, bis sie hörte, wie sie wiederholt „Auw“ und „Eh“ sagte.

Betty verzichtete auf die Schaukel- und Streichelroutine und ließ Eva in einem Tuch an ihrer Brust schlafen, während sie ihrem Alltag nachging.

Ellens Geschichte

Ellen ist eine junge Mutter von zwei Kindern, die stolz darauf ist, ihrem eigenen Urteilsvermögen zu vertrauen. Ihre Eltern waren klassische Hippies der Sechzigerjahre und haben Ellen dazu erzogen, ihrer Intuition zu vertrauen und im Einklang mit der Natur zu leben.

Ellen macht das auf bewundernswerte Weise und man sieht, welch fabelhafte Beziehung sie sowohl zu ihrem neugeborenen Sohn Dustin als auch zu ihrer dreijährigen Tochter Alisa aufgebaut hat.

Aber wenn wir unseren Kindern nicht aufmerksam zuhören, können wir manchmal Situationen falsch einschätzen, selbst wenn wir die besten Absichten haben.

Ellen lässt ihr Baby nie schreien. Wenn ihr Sohn zum Beispiel schreiend aufwacht, nimmt sie ihn auf den Arm und tröstet ihn in der Annahme, dass er bereit ist, aufzuwachen und in der hellwachen Welt willkommen geheißen werden muss.

Das ist manchmal der Fall. Aber häufiger sagt Dustin „Auw Eh“, was, wie ich Ellen erklärt habe, bedeutet, dass ihn ein wenig Luft drückt, die er hochbringen will, bevor er gleich wieder einschläft.

Dustin liebt es, wie alle Babys, zu schlafen. Wenn er aufwacht, will er nicht unterhalten oder gar gefüttert werden. Ein leises Bäuerchen und er ist froh, wieder einschlafen zu können.

Claires Geschichte

Claire, eine Vollzeitmutter, lebt an einem dramatischen Steilhang mit Blick auf einen Wald. Sie ist auf endlosen Nebenstraßen im Auto unterwegs, während sie versucht, ihrem Sohn Lucas etwas Ruhe zu gönnen.

Lucas konnte eineinhalb Stunden im Auto schlafen, aber nie richtig im Kinderbett. Claire nahm an, dass er die Schaukelbewegung des Autos brauchte, um sich zu entspannen. Aber als ich ihr das Dunstan System beibrachte, konnte sie die Laute „Auw“ und „Eh“ aufschnappen.

Er hatte festsitzende Luftblasen, und der Autositz sorgte für eine bequeme, kuschlige und aufrechte Position, ähnlich wie im Mutterleib. Lucas mag das Gefühl, wenn etwas oder jemand ihm Geborgenheit gibt.

Claire hat einen hervorragenden Kinderwagen, der für die holprigen australischen Landstraßen gemacht ist. Er ist geräumig, hat große Räder und eine robuste Federung. Sie beschloss, den Kinderwagen schräg zu stellen und Mullwindeln aufzurollen, damit er mit einem gemütlichen Poltereffekt schlafen kann. Sie stellt den Kinderwagen nachts neben ihr Bett und fährt ihn tagsüber durch das Haus. Das funktioniert wunderbar.

Claire plant, Lucas in ein erhöhtes Kinderbett umzuziehen, wenn er älter wird und sich mehr bewegt. Aber in der Zwischenzeit hat diese Lösung mit dem Kinderwagen Claire buchstäblich eine Menge schwieriger Kilometer erspart.

Elinas Geschichte

Babys schlafen nicht unbedingt jeden Tag auf die gleiche Weise ein, weil ihr Körper jeden Tag anders reagiert.

Elinas Sohn Ron schlief gerne mit einem Schnuller im Mund ein. Manchmal spuckte er ihn aber auch aus. Elina dachte, dass Ron den Schnuller nicht schnell genug gegriffen hatte und einfach Hilfe brauchte, um ihn wieder in den Mund zu bekommen.

In der Nacht zuvor hatte Elina das Wort „Auw“ gehört und ihn mit seinem Schnuller in sein Bettchen gelegt. Er spuckte ihn aus. Sie steckte ihn wieder hinein, und er spuckte überall hin.

Als ich sie am nächsten Tag dazu ermutigte, auf denselben Schrei zu achten, sagte er „Eh“ für Bäuerchen. Er wollte den Schnuller nicht, weil sein Bauch voller Luft war und das Saugen am Schnuller alles nur noch schlimmer machte.

„Auw“ mit „Eärh“

Die Kombination von „Auw“ und „Eärh“ zeigt dir, dass dein Baby müde ist, aber nicht gut schlafen wird, wenn du ihm nicht hilfst, die Luft in seinem unteren Verdauungstrakt auszuscheiden.

Massage wirkt Wunder.

Streichele den Unterbauch sanft im Uhrzeigersinn, während du beruhigend mit deinem Baby sprichst. Füge in die Massage einige Fahrradfahrbewegungen ein, um die Blähungen aus dem Bauch zu lösen.

Das Schöne an der Massage bei der Kombination aus „Auw“ und „Eärh“ ist, dass dein Baby dann währenddessen vielleicht einschläft.

Wenn es kurz darauf wieder aufwacht, beginne erneut mit der Massage. Die Blähungen hindern es weiterhin an einem guten Schlaf, wenn sie nicht behandelt werden.

Sollte dein Baby während der Massage nicht einschlafen, ist es wichtig, sofort auf diesen kombinierten Schrei zu reagieren, um zu versuchen, die Luft so schnell wie möglich loszuwerden, bevor es übermüdet ist. Es kann einige Zeit dauern, bis sich die Blähungen gelegt haben.

Viel Glück!

Karens Geschichte

Karen, die nur die grundlegenden Laute der Dunstan Babysprache gelernt hatte, rief eines Tages an und sagte, dass es bei ihrer Tochter Alisha nicht funktioniere.

Sie konnte den „Auw“-Laut hören und legte Alisha ins Bett, meist flach auf den Rücken. Aber Alisha weinte ohne Unterlass. Ich konnte spüren, dass Karen ziemlich verzweifelt war, also lud ich sie zu mir ein. Ich fragte mich, ob Alisha mehr als nur „Auw“ sagen würde.

Karen kannte die Kombinationslaute noch nicht und wusste deshalb nicht, worauf sie achten sollte. Es dauerte nicht lange, bis ich auch den Laut „Eärh“ hörte.

Ich gab Karen einen Crashkurs zur Bedeutung des Lautes und seiner Kombinationen und zeigte ihr eine wunderbare Technik, die ich mit meinem Sohn Tomas für genau diese Situation gefunden hatte.

Ich setzte Karen mit gekreuzten Beinen hin und legte Alisha mit dem Bauch nach unten auf ihre Knie, wobei ihr Kopf leicht nach unten zeigte. Dann bat ich Karen, ein Bein sanft zu drehen, während sie Alishas unteren Rücken massierte. Dadurch wird die Luft aus dem Unterbauch gepresst und die Massage lindert den Schmerz.

Babys schmelzen dahin, wenn man das macht, wie Karen sehen konnte. Karen rief mich ein paar Tage später an, um mir zu sagen, dass sie diese Technik erfolgreich anwendet, während sie sich die Talkshows im Fernsehen ansieht. Es war eine willkommene Abwechslung für sie und brachte Alisha zum Einschlafen.

Mit leicht erhöhtem Kopfteil des Bettes und vorab befreit von all der Luft, konnte Alisha bequem schlafen.

Kellys Geschichte

Kelly gehörte zu einer Gruppe von jungen Müttern, die ich unterrichtete. Da es der erste Tag war, den wir zusammen verbrachten, hatte ich ihnen bisher nur die Laute „Auw", „Eh" und „Neh" beigebracht. Wir hatten gerade die Unterrichtsstunde beendet, als Kellys Tochter Kasey etwas zu sagen begann. Ich fragte die Gruppe, welchen Laut sie hörten. Sie konnten den Laut „Auw" erkennen und glaubten, den Laut „Eh" zu verstehen. Eine Mutter in der Gruppe war sich da nicht so sicher. „Es klingt ein bisschen anders als das", sagte sie. Und sie hatte recht. Sie hatte den Laut „Eärh" gehört.
Ich schlug Kelly vor, dass sie Kasey über ihre Schulter heben sollte. Wir diskutierten verschiedene Techniken, wie man mit dem „Eärh"-Laut umgehen kann, vom leichten Erhöhen des Bettchens mit einem Buch bis hin zum aufrechten Tragen des Babys. Wir erörterten auch, was ich die Schlauch-Theorie des Fütterns nenne.

Bei Kindern, die unter Blähungen leiden, habe ich festgestellt, dass es sehr wichtig ist, nur dann zu füttern, wenn sie „Neh" sagen, da man sonst Gefahr läuft, auf eine Luftblase zu füttern. Stelle es dir wie in einem Schlauch vor. In diesen gießt du erst etwas Milch hinein. Darauf fügst du anschließend eine Luftblase. Wenn du dann obendrauf wieder Milch hinzufügst, wird diese Blase entweder nach oben oder nach unten wandern. Wenn sie nach unten rutscht, verursacht sie Krämpfe. Wenn sie nach oben wandert, wird dabei auch Milch hochgedrückt.

Viele Kinder, bei denen Kolik diagnostiziert wurde, haben dieses Problem. Wenn man dafür sorgt, dass die Luftblase vor dem Füttern herausgebracht wird, bekommt das Baby eine vollere Mahlzeit und fühlt sich weniger unwohl. Kelly war so in das Gespräch vertieft, dass sie nicht bemerkte, dass Kasey still geworden war. Kelly schaute sich um und stellte fest, dass sie auf ihrer Schulter eingeschlafen war.

„Auw“ mit „Heh“

Wenn du „Auw“ mit „Heh“ hörst, bedeutet das entweder, dass dein Baby gereizt und müde ist, oder dass es sich unwohl fühlt – zu warm, zu kalt, zu eng gewickelt oder nass, aber schlafen möchte.

Was es ist, wirst du durch Ausschlussverfahren herausfinden.

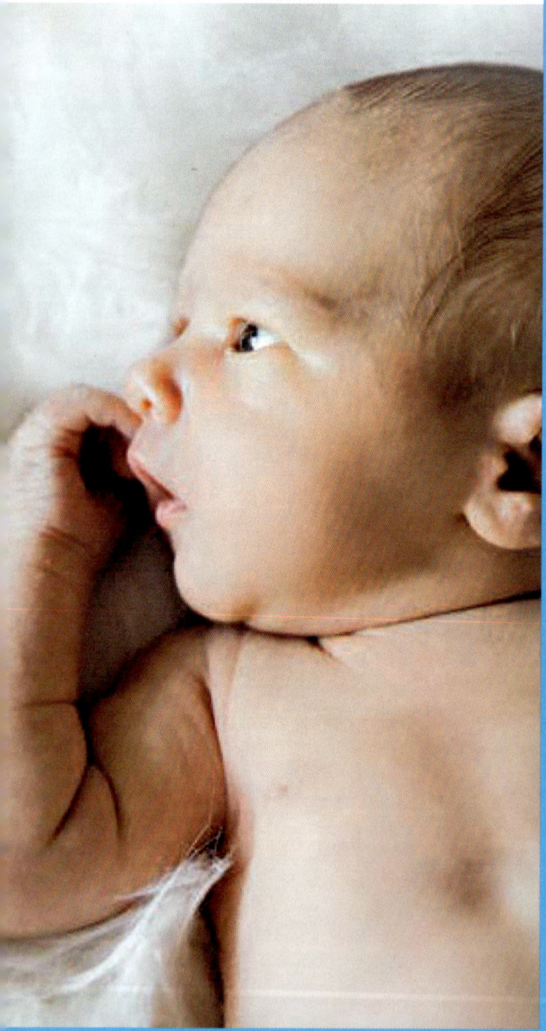

Michael und Miras Geschichte

Wie viele Eltern mochten auch Michael und Mira die Nähe, die sie beim Schlafen mit ihrem Baby hatten.

Sie hatten das Gefühl, dass sie besser auf ihre Tochter Maggie eingehen konnten, wenn sie direkt zwischen ihnen lag. Mira konnte sich zu ihr beugen und sie stillen, und sie konnten alle wieder einschlafen.

Da Maggie in der Nacht oft wach wurde, schien dies die praktischste Lösung zu sein. Aber als beide Eltern das Dunstan Babysprache System kennenlernten, überdachten sie diese Schlafsituation.

Sie stellten fest, dass Maggie es liebte, in den Schlaf gekuschelt zu werden. Aber nach etwa einer Stunde wachte sie auf und sagte „Auw“ und „Heh“. Am Anfang fütterte Mira sie. Aber Maggie zeigte an, dass das nicht erwünscht war. Sie versuchten, sie in den Schlaf zu streicheln. Auch das half nicht. Schließlich fanden sie heraus, dass sie auf beiden Seiten je einen warmen Körper nicht wirklich mochte.

Sie beschlossen, Maggie in ihr eigenes kleines Bettchen neben dem Ehebett zu legen. Das bedeutete, dass Mira stillen konnte und dass sie leicht reagieren konnte, indem sie ihr die Hand auflegte und Maggie beruhigte.

Bevor sie einschliefen, kuschelten die drei in der Regel noch im großen Bett. Dann brachten Michael oder Mira Maggie für den Rest der Nacht in ihr Bettchen.

Ritas Geschichte

Rita wollte das Dunstan Babysprache System erlernen, um zu sehen, ob sie ihrer Tochter Michaela, die unter schweren Koliken litt, besser helfen könnte. Sie hatte die Mütterberatung und Babysprechstunden besucht und sogar einen Kurs in Babymassage belegt.

All diese Dinge hatten geholfen, aber Michaela schlief immer noch furchtbar unruhig.

Rita wurde bis zu acht Mal pro Nacht durch ihre Schreie geweckt. Sie hielt sie über ihre Schulter und lief auf den Boden stampfend mit ihr umher. Das ist eine nützliche Technik für Babys mit starken Blähungen.

Nachdem sie mehr über die Dunstan Babysprache erfahren hatte, stellte Rita fest, dass Michaela im Schlaf häufig den Laut „Heh" sagte. Sie wusste, dass sie sich unwohl fühlte, konnte aber nicht herausfinden warum. Sie hatte das Gefühl, dass sie alles getan hatte, was von Fachleuten – sowohl aus der Schul- als auch aus der Alternativmedizin – für Babys mit diesem Problem empfohlen wurde.

Sie beobachtete genau, was passierte, wenn Michaela „Heh" sagte. Schließlich fand sie heraus, dass Michaela zum Einschlafen gerne eingehüllt wird. Während es den Schmerz ein wenig lindert, wenn das Tuch eng um den Bauch gelegt wird, mögen Babys mit Blähungen zumindest einen Arm frei, damit sie ein wenig herum-zappeln können.

Rita probierte das aus, und es machte tatsächlich einen Unterschied. Sie experimentierte damit, einen Arm draußen zu lassen und die Beine nur locker zu wickeln. Das schien Michaela zu gefallen.

Hilarys Geschichte

Eines der ersten Babys, das ich kennenlernte, als ich mit dem Unterrichten der Dunstan Babysprache begann, war ein kleiner Junge von etwa zwei Monaten namens Evan. Seine Mutter Hilary hatte Probleme, ihn tagsüber zu beruhigen. Morgens ging es Evan gut, weil er in der Nacht gut geschlafen hatte. Aber am Nachmittag war er mürrisch und unleidlich.

Hilary fühlte sich zunehmend an ihr winziges Häuschen in der Innenstadt gefesselt, weil das Ausgehen so unangenehm geworden war. Als ich sie das erste Mal besuchte, schlief Evan bereits. Es war ein schrecklicher Nachmittag für sie beide gewesen. Er war heiß, genervt und aufgebracht. Hilary fühlte sich hilflos und verzweifelt.

Schließlich schlief Evan ein. Hilary und ich standen an seinem Bettchen und warteten darauf, dass er aufwachte, damit ich ihn beobachten konnte. Als er sich rührte, fragte ich Hilary, wie sie normalerweise reagieren würde. Sie sagte, sie würde ihn hochnehmen und füttern, und damit wäre der Mittagsschlaf beendet. Ich ermutigte Hilary zuzuhören.

Evan sagte „Heh Heh" für Unwohlsein. Wir diskutierten die Situation und versuchten herauszufinden, was das Problem sein könnte. Schließlich stellte Hilary fest, dass sie tagsüber genauso viel Bettzeug nahm wie nachts. Obwohl sie leichteres Bettzeug für den Sommer verwendet hatte, war es immer noch zu viel für die Hitze des Tages.

Evan wollte nicht hochgehoben werden, als er sich rührte. Er wollte es sich bequem machen und wieder einschlafen. Hilary gewöhnte sich daran, auf den „Auw"-Laut zu achten, bevor sie Evan ins Bett brachte. Indem sie das Bettzeug anpasste und auf seine Signale einging, wachte er nicht mehr mit Unbehagen auf.

„Eh“-Kombinationen

Wenn „Eh“ der Hauptlaut ist, muss dein Baby ein Bäuerchen machen. Nicht alle Bäuerchen sind heftige, laute Luftausstöße. Oft sind es kleinere, leise Rülpser. Du musst ein Gefühl fürs Aufstoßen entwickeln. Das bedeutet, dass du Bäuerchen machen ernster nimmst als bisher.

„Eh“ mit „Neh“

Du hörst auf „Eh Neh Eh“.

Wenn du eindeutig „Eh“ und „Neh“ hörst, muss dein Baby ein Bäuerchen machen, bevor du es fütterst. Füttern ohne Aufstoßen kann Blähungen, Koliken oder Reflux verursachen.

Es ist üblich, nach dem Füttern ein Bäuerchen zu machen, aber diese Wortkombination sagt uns, dass es wichtig ist, zuerst die Luft herauszulassen. Sonst wäre es so, als fülle man ein Behältnis, das bereits halb voll ist.

Reibe deinem Baby vor dem Füttern den Rücken oder laufe mit ihm herum und klopfe es sanft zwischen die Schultern. Füttere dein Baby dann in einer aufrechten Position (weitere Tipps findest du im Kapitel „Neh“).

Beruhigungstechniken

1. Laufe mit deinem Baby unter dein Kinn gekuschelt umher. Reibe seinen Rücken, um es zum Aufstoßen zu bringen und füttere es dann in einer aufrechten Position.

2. Setze dein Baby auf deine Knie und reibe ihm sanft den Rücken. Du kannst dein Baby auch seitlich setzen, dass ihr direkten Blickkontakt habt.

3. Hebe dein Baby hoch auf deine Schulter, sodass die Wölbung deiner Schulter sanft gegen den Bauch deines Babys drückt. Das hilft, die Luftblasen zu lösen.

Tinas Geschichte

Tina, eine der Frauen, die ich schon früh unterrichtete, verwechselte beim Erlernen der Dunstan Babysprache immer „Eh“ mit „Neh“.

Sie war noch nicht so weit, dass sie die Lautkombinationen beherrschte. Sie konnte zwar „Eh“ mit „Neh“ hören, hatte aber noch nicht weit genug in ihren Aufzeichnungen gelesen, um die Bedeutung dieser Kombination zu verstehen. Wenn sie also „Neh“ hörte, fütterte sie ihren Sohn automatisch.

Als sie von dem kleinen Damian nicht die erwartete Kooperation erhielt, fragte sie mich nach dem Problem. Ich erklärte ihr, dass, wenn man zwei Laute zusammen hört, wie z. B. „Eh“ und „Neh“, einer häufiger wiederholt wird als der andere.“ Jenes ist der primäre Laut und zeigt das primäre Bedürfnis an.

Der wichtigste Laut in diesem Fall war „Eh“, was bedeutet, dass Damian Luft festsitzen hatte. „Neh“ sagt uns, dass er Hunger bekommt, aber wenn er wiederholt „Eh“ sagt, hat er das unmittelbare Bedürfnis, ein Bäuerchen zu machen.

Als Tina dies begriffen hatte und die Lautkombinationen gründlicher lernte, hatte sie keine Probleme mehr, Damians Bedürfnisse zu deuten, und seine Koliken besserten sich deutlich.

Carlos` Geschichte

Väter, insbesondere solche mit einem technischen oder analytischen Verstand, können selbst wie aufgeregte kleine Kinder sein, wenn sie die Geheimnisse der Dunstan Methode entdecken.

Ein Automechaniker namens Carlos war solch ein typischer Mann. Er war mit seiner Frau Jane und ihrem kleinen Jungen Orlando gekommen, der mit der Flasche gefüttert wird. Carlos hörte sich alle Beispiele, die ich in den Sitzungen vorspielte, aufmerksam an und jauchzte, wenn er Orlando diese Worte selbst sagen hörte. Er war so enthusiastisch! Die anderen Eltern liebten ihn. Er war ganz aus dem Häuschen, als er die Kombinationen lernte, besonders „Eh Eh Neh".

Er verstand, dass Orlando ein Bäuerchen brauchte, aber auch hungrig war. Carlos fühlte sich nützlich, weil er die Flaschen sterilisieren und alles fürs Füttern vorbereiten konnte, während Jane sich um das Luftproblem kümmerte.

Er sagte, dass dies einen großen Unterschied zum Ende des Tages ausmachte. Orlando wirkte viel weniger quengelig, weil die Luftblasen abgehen konnten, ohne dass sie sich in seinem kleinen Körper stauten, und er zur richtigen Zeit gefüttert wurde.

Ich habe zufällig mitbekommen, wie Carlos der Gruppe sagte, dass die Kenntnis der Grundlaute wie eine Autowartung ist. Das Verstehen der Kombinationslaute ist das Feintuning, das den Motor reibungslos zum Laufen bringt ...

„Eh“ mit „Auw“„

Du hörst „Eh Auw Eh Eh“.

Wenn du diese Laute zusammen hörst, weißt du, dass dein Baby schlafen möchte, du aber vorher noch die Luft aus seinem Körper herausbringen musst.

Lass dich nicht dazu verleiten, dein Baby schlafen zu legen, bevor es ein Bäuerchen gemacht hat.

Wenn du das tust, wird es nicht gut oder gar nicht schlafen und mürrisch sein, wenn es aufwacht. Außerdem besteht die Gefahr, dass die Luft in seinem Körper weiter nach unten gedrückt wird, was zu starken Schmerzen führen kann, die schwieriger zu behandeln sind. Wende sanfte Methoden an, um das Baby nicht zu überreizen, wenn es müde ist. Wenn es beim Aufstoßen einschläft, wechsele die Bäuerchen-Methode häufig, um es wach zu halten.

Beruhigungstechniken

1. Laufe mit deinem Baby, dass du in einer aufrechten Position über deiner Schulter trägst, herum und lass es dort einschlafen. Reibe seinen Rücken, um ein kleines Bäuerchen zu lösen.

2. Wickle ein Tragetuch um dich und binde es so, dass dein Baby in einer aufrechten Anhock-Spreiz-Stellung ist. Im Internet findest du Kontakte für Trageberatungen, bei denen du passende Bindetechniken erlernen kannst.

3. Schmiege dein Baby an deine Brust. Wenn die Brust in seinen Bauch drückt, hilft das, die Blähungen zu lindern. Zudem ist es eine kuschelige Art einzuschlafen.

Melanies Geschichte

Melanie macht vormittags mit ihrem Neugeborenen gern einen Bummel durch das örtliche Einkaufszentrum. Es geht nicht so sehr darum, dass sie Dinge kaufen will. Sie genießt es einfach, andere Menschen um sich zu haben. Es kann ziemlich einsam werden, wenn man mit einem kleinen Baby nur zu Hause ist.

Mittlerweile ist Melanie jedoch vorsichtiger, wenn es darum geht, wie lange sie mit ihrem Sohn Nicolas unterwegs ist. Sie war auf einem ihrer morgendlichen Streifzüge durch das Einkaufszentrum, als sie ihn „Eh Eh Eh Auw“ sagen hörte.

Sie wusste, wenn sie das hörte, war es an der Zeit, ihn aus dem Kinderwagen zu holen und Bäuerchen zu machen. Das „Auw“ sagte ihr, dass er müde wurde.

Beim ersten Mal dachte sie, er würde einfach im Kinderwagen einschlafen. Aber das tat er nicht. Er sagte nur immer wieder „Eh Eh Eh Auw“, während sein Weinen immer heftiger wurde.

Wenn sie jetzt „Eh“ und „Auw“ zusammen hört, weiß Melanie, dass es Zeit ist, ein Bäuerchen mit ihm zu machen und ihn sofort nach Hause ins Babybett zu bringen.

Amanda und Robs Geschichte

Amanda bemühte sich bewusst darum, die übliche Routine zu Hause beizubehalten, nachdem ihr Baby geboren war. Sie hatte gelesen, dass Männer sich ausgeschlossen fühlen können, wenn ein Kind da ist, und wollte dies verhindern. Sie hatte für ihren Mann, einen leitenden Angestellten im Marketing, immer ein schönes Essen zubereitet und hielt an dieser Praxis fest, obwohl es eine enorme Anstrengung bedeutete, sich um Baby Rebecca zu kümmern und die Art von Mahlzeiten zuzubereiten, die Rob mochte.

Nachdem sie das System der Dunstan Babysprache kennengelernt hatte, beschloss Amanda, dass sie diesen Plan überdenken sollte, wenn sie nicht den Verstand verlieren, aber ihr Bestes für Rebecca tun wollte.
Eines Abends als sie sich daran machte, ein besonderes Essen zu kochen, hörte sie Rebecca sagen: „Eh Eh Eh Auw". Sie wusste, dass Rebecca aufrecht gehalten werden wollte und aufstoßen musste. Das „Auw" sagte ihr, dass sie, sobald die Luft raus war, schlafen gehen wollte. Wenn sie das ignorierte, würde Rebecca übermüden und noch mehr weinen. In diesem Fall wäre es ohnehin unmöglich, das Abendessen zu kochen. Besser, sie kümmerte sich sofort um ihr Baby, dachte sie.

Leider war Rob anderer Meinung. Er war verärgert darüber, dass das Abendessen nicht wie üblich auf dem Tisch stand. Sein Verhalten brachte viele Ängste Amandas an die Oberfläche und einige Wochen lang hatte sie Mühe, es allen recht zu machen.
Schließlich lernte Rob mehr über die Dunstan Babysprache und erkannte, dass es sinnvoll war, auf Rebeccas Bedürfnisse einzugehen. Und was noch besser war: Er fing an, das Abendessen selbst zuzubereiten, damit er und Amanda gemeinsam etwas Schönes essen konnten, sobald Rebecca eingeschlafen war.

„Eh“ mit „Eärh“

Du hörst auf „Eh Eärh Eh“.

„Eh“ mit gelegentlichem „Eärh“ bedeutet, dass dein Baby sowohl Schmerzen durch Luft im Oberkörper als auch durch Luft im Unterbauch hat.

Wenn du die Laute zusammen hörst – und das kann schwierig sein, zwischen beiden zu unterscheiden – bringe dein Baby mit der bereits beschriebenen Schoßmethode und den im Kapitel „Eärh“ beschriebenen Methoden zum Bäuerchen.

Du musst die Luft in beide Richtungen herausbringen, das braucht Zeit. Habe Geduld und sei sanft zu dir selbst und zu deinem Baby.

Beruhigungstechniken

1. Kreuze die Beine und lege dein Baby mit dem Gesicht nach unten so hin, dass sich sein Bauch über das höhere Bein wölbt. Reibe seinen unteren Rücken und rolle es sanft in kleinen Bewegungen über dein Bein hin und her. Pendele deine Beine von einer Seite zur anderen, um eine langsame, schaukelnde Bewegung zu erzeugen.

2. Lege dein Baby hoch oben auf deine Schulter, sodass die Wölbung deiner Schulter gegen seinen Bauch drückt.

3. Versuche eine der Positionen für das Aufstoßen deines Babys auf deinem Schoß. Halte sein Bäuchlein und massiere seinen unteren Rücken.

Madeleines Geschichte

Wenn du die Kombination von „Eh“ und „Eärh“ hörst, kannst du fast sicher sein, dass du eine harte Nacht vor dir hast.
Manchmal verpasst man das „Eh“, das anzeigte, dass nur ein Bäuerchen nötig war. Die Luft wandert dann in den Unterbauch. In dieser Situation ist es schwieriger, die Beschwerden des Babys zu lindern.

Madeleine, eine der Frauen im Kurs, hatte diese Erfahrung selbst gemacht. Sie hatte ihr Baby Lara bei ihrem Kindermädchen gelassen, das die wichtigsten Laute kannte. Aber irgendwie hatte das Kindermädchen das so wichtige „Eh“ nicht richtig gehört. Madeleine kam von der Arbeit nach Hause und fand Lara, die „Eh Eh Eärh“ weinte, mit unübersehbaren Schmerzen vor.

Sofort legte Madeleine Lara auf ihre Schulter, während das Kindermädchen ein warmes Bad einlaufen ließ. Während Madeleine Lara aufrecht hielt, begann sie, ihren unteren Rücken zu massieren. Eine Prozedur, die sie wiederholte, nachdem sie das warme, entspannende Bad beendet hatte.
An diesem Abend sollte Madeleine ihren Mann auf einer Cocktailparty treffen und anschließend mit einigen Geschäftspartnern zu Abend essen. Madeleine bat darum, nicht an der Cocktailparty teilzunehmen, weil sie Lara zur Ruhe bringen wollte.

Sie ging später trotzdem zum Geschäftsessen und gab dem Kindermädchen die strikte Anweisung, sie anzurufen, wenn Lara später Anzeichen von Unwohlsein zeigen sollte. Heute, sagt sie, ist ihr Kindermädchen viel geschickter darin, Laras Signale zu lesen, und sie kann mit gutem Gewissen zum Abendessen gehen.

Lisas Geschichte

Manchmal hört man „Eh“ und „Eärh“ zusammen zum denkbar schlechtesten Zeitpunkt. Luft im Bauch des Babys ist jedoch ein Problem, das nicht warten kann.

Lisa hatte dazu eine Geschichte zu erzählen. Lisa war in ein schwieriges Telefongespräch mit ihrer Mutter verwickelt, wodurch sie wahrscheinlich die Laute nicht hörte. Sie hatte ihre Tochter Julia, die sie offensichtlich brauchte, im Kinderwagen neben sich.

Sie unterbrach das Telefonat abrupt, um sich um Julia zu kümmern und weil sie ihre beiden älteren Kinder von der Schule abholen musste.

Julia heulte jetzt richtig los, und als Lisa genau hinhörte, war es ein gequältes „Eh Eh Eärh“. Sie geriet für einen Moment in Panik.

Lisa kannte die Methode der gekreuzten Knie und wusste um die Vorteile eines warmen Bades. Aber in dieser Situation konnte sie weder das eine noch das andere tun, denn sie musste los, um ihre Kinder abzuholen. Letztendlich trug sie Julia aufrecht und rieb ihr den Rücken, als sie zum Auto ging. Sie schnallte sie an. In der Babyschale befinden sich Babys glücklicherweise in einer halbwegs aufrechten Position.

Sobald alle wieder zu Hause waren, widmete sie Julia ihre ganze Aufmerksamkeit und erklärte den beiden älteren Kindern, warum sie noch eine Weile auf ihr Vesper warten mussten.

Adeles Geschichte

Adele, eine Mutter, die erst kürzlich das Dunstan Babysprache System erlernt hatte, traf sich mit ihren ehemaligen Kollegen zum Mittagessen in einem indischen Restaurant. Sie aß die köstlichen scharfen Gerichte zusammen mit allen anderen, ohne daran zu denken, dass es ihren Sohn Benny, den sie stillte, stören könnte.

Während der Schwangerschaft lernen wir oft, wie Lebensmittel, die wir zu uns nehmen, sich auf unser Baby auswirken können. Aber mit einem Neugeborenen gibt es so viel zu bedenken, dass es nicht verwunderlich ist, dass wir unsere Ernährung gelegentlich vergessen. An diesem Abend hörte Adele, wie Benny entweder „Eh“ oder „Eärh“ sagte.

Sie war sich nicht sicher. Aber das „Eh“ reichte aus, um ihr zu sagen, dass Benny Druck durch ein Bäuerchen hatte, das zweifellos von seiner Bekanntschaft mit der indischen Küche herrührte.

Anstatt ihn in den Schlaf zu wiegen oder ihn unter ein Mobile zu legen, um ihn zu unterhalten, wusste sie sofort, dass sie ihn hochnehmen und aufrecht halten musste.

Sie hob ihn auf ihre Schulter und ging eine Weile im Haus umher, bis sie müde wurde und zur Kniemethode überging.

Sie versuchte Benny bestmöglich beizustehen. Wenn man weiß, was die Ursache des Problemes ist und was man dagegen tun kann, fällt einem das als Mama gleich viel leichter.

„Eh“ mit „Heh“

Du hörst auf „Eh Heh Eh“.

Wenn du ein deutliches „Eh“ und „Heh“ hörst, hat dein Baby festsitzende Luftblasen, und es fühlt sich unwohl. Dein Baby fühlt sich im Allgemeinen wegen des Bäuerchens unwohl. Sobald es Bäuerchen macht, sollte sich seine Laune wieder normalisieren. Du kannst die Lautfolge hören, wenn deinem Baby das Sitzen in einer Babyschale zu viel wird und es ihm unangenehm ist.

Wenn es eine Weile aufrecht gehalten wird, kann die Luft entweichen. Wenn du das Kind bereits auf eine bestimmte Weise aufstoßen lässt und es immer noch „Eh“ sagt, ändere die Position.

Beruhigungstechniken

1. Lege dir dein Baby über die Schulter und reibe ihm sanft aber kräftig den Rücken.

2. Halte dein Baby aufrecht auf deinem Schoß und reibe sanft seinen Rücken und Bauch.

3. Wenn ihr zusammen im Bett liegt, lege dein Baby über deine Hüfte (wie beim Bäuerchen über die Schulter) und reibe ihm dann den Rücken.

Sallys Geschichte

Normalerweise vermittle ich keine Lautkombinationen, bevor ich die Teilnehmer nicht gründlich darin unterrichtet habe, die Grundwörter zu verstehen. Aber manchmal ergeben sich solche Gelegenheiten.

Während eines Kurses mit einer kleinen Gruppe von Müttern konnte ich hören, wie eines der Babys „Eh Eh Heh“ sagte, was bedeutet, dass es vor allem ein Bäuerchen machen wollte, sich aber auch unwohl fühlte.

Zu diesem Zeitpunkt lag das Baby schon einige Zeit in seinem Kinderwagen. Ich erzählte seiner Mutter Sally, was die Wörter bedeuteten. Da sie den Laut „Eh“ bereits kannte, war es ihre natürliche Reaktion, ihr Baby hochzuheben und es über die Schulter zu legen.

Aber der Laut „Heh“ bedeutete, dass es sich zu unwohl fühlte und zu zappelig war, um das zu tun. Es wollte nicht an Sallys Schulter bleiben. Ich schlug Sally vor, das Baby zum Bäuerchen machen aufrecht auf ihr Knie zu setzen, und schon kam ein wenig Luft heraus.

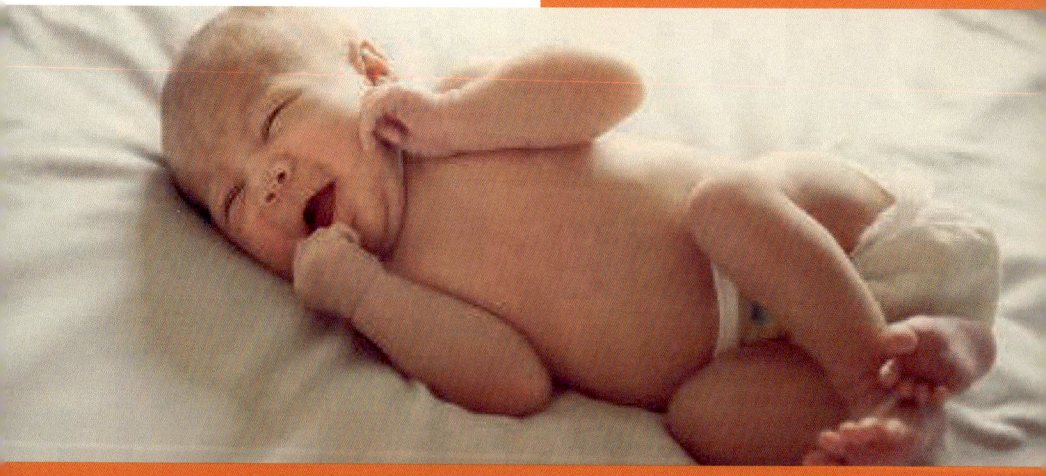

Andreas` und Karins Geschichte

Karin und Andreas lernten gemeinsam das Dunstan Babysprache System. Andreas hatte gehofft, dass das Erlernen der Methode seine Nerven als frischgebackener Papa beruhigen würde. Karin, die einen Sohn aus erster Ehe hat und schon etwas erfahrener war, freute sich vor allem über die Unterstützung ihres Partners beim Erlernen dieser neuen Art der Elternschaft.

Karin hatte das Dreimonatsplateau erreicht, jene Zeit in der frühen Mutterschaft, in der man um einen Tag für sich selbst betet – nur einen Tag, um wegen der enormen Erschöpfung einfach mal auszuschlafen. Ihr kleiner Junge Aaron war in der Nacht oft aufgewacht.

Karin hielt ihn für ein sehr anspruchsvolles Baby und tat ihr Bestes, um ihn zu versorgen. Aber Andreas sagte, er mache sich langsam Sorgen um Karins Gesundheit – sie sehe blass aus und sei viel zu dünn geworden. Er sagte, als sie verstanden hätten, was Aaron ihnen mitteilen wollte, sei es gewesen, als ob eine gute Fee zu Besuch gekommen sei.

Das Leben schien so viel einfacher. Andreas erkannte, dass er sich um viele von Aarons Bedürfnissen kümmern konnte. Wenn er nicht gerade „Neh" sagte und gestillt werden musste, konnte Karin sich ausruhen, während Andreas sich um Aaron kümmerte. Meistens hatte Aaron Luft festsitzen und musste aufstoßen. Manchmal war ihm heiß, und er fühlte sich unwohl im Bett. Andreas fühlte sich gestärkt, weil er helfen konnte.

Karin konnte ihre Energie zurückgewinnen und mehr Zeit den drei wichtigsten Männern in ihrem Leben widmen.

„Eärh“-Kombinationen

Wenn der Laut „Eärh“ zu hören ist, ist Luft im unteren Teil des Verdauungssystems deines Babys eingeschlossen. Es braucht Hilfe, um sie loszuwerden.

„Eärh“ mit „Neh“

Wenn du „Eärh“ mit „Neh“ hörst, bedeutet das, dass dein Baby dich braucht, um seine Blähungen in den Griff zu bekommen und dass es etwas sucht, an dem es saugen kann, um sich zu beruhigen. Manchmal, nachdem du dein Baby massiert und die Luft in seinem Bauch weiter bewegt hast, fängt es an, „Neh“ als sekundären Laut zu sagen.

In diesem Fall handelt es sich um intensive Schmerzen, die andere Empfindungen auslösen können, wie z. B. das Verlangen nach Essen oder das Bedürfnis, an etwas zu saugen, um sich zu beruhigen.

Es ist keine gute Idee, dein Baby zu füttern, wenn „Eärh“ der Hauptlaut ist, aber du kannst ihm einen Schnuller geben oder es an deinem kleinen Finger saugen lassen, während du eine Zeit lang weiter massierst.

Karens Geschichte

„Eärh“ ist ein so eindringlicher Laut, dass er im Mittelpunkt deiner Aufmerksamkeit stehen sollte. Einige Laute in Kombination geben dir weitere Informationen darüber, wie dein Baby essen oder schlafen möchte. Wenn du zum Beispiel „Auw“ mit „Neh“ hörst, sagt dir das, dass dein Baby in erster Linie müde ist, aber auch an etwas nuckelnd einschlafen möchte. „Eärh“ ist anders.

Wenn du zusammen mit „Eärh“ einen anderen Laut hörst, handelt es sich tatsächlich um ein nachgeordnetes Bedürfnis. Die erste Aufgabe besteht darin, das Bauchweh zu beseitigen, das im Unterbauch Schmerzen verursacht. Das sekundäre Bedürfnis kann danach behandelt werden. Manchmal hilft die Lösung des primären Bedürfnisses auch dem sekundären.

Karen, eine Mutter, die ich in der Dunstan Babysprache unterrichtete, verpasste einen wichtigen Kursteil und verstand dies nicht ganz. Sie hatte nur die Laute „Neh“, „Auw“ und „Heh“ gelernt. Ihr Sohn Henry weinte einen ganzen Nachmittag lang.

Sie war sich nicht ganz sicher, was er sagte, also wandte sie sich an ihre Freundin, die das System schon etwas besser verstand.

Diese Freundin konnte erkennen, dass Henry sowohl „Eärh“ als auch „Neh“ sagte. Aber Karen dachte, das bedeute, dass sie die Blähungen lindern müsse, indem sie ihr Baby an der Brust saugen ließ. Natürlich verschlimmerte das Stillen das Problem nur noch mehr. Als Henrys Weinen nicht aufhörte, rief sie mich an, um sich Rat zu holen.

Ich erklärte ihr, dass „Eärh“ bedeutet, dass ihr Baby Bauchweh hat, aber auch gefüttert werden möchte, sobald sich die Luftblase verlagert hat. Ich erläuterte ihr die verschiedenen Prinzipien, die sich hinter den Lautkombinationen verbargen, und riet ihr, die Blähungen entweder mit der Kniemethode zu lindern oder das Kind oben auf der Schulter zu tragen.
Nachdem Karen die Dunstan Methode gründlicher kennengelernt hatte, ergab das alles viel mehr Sinn für sie.

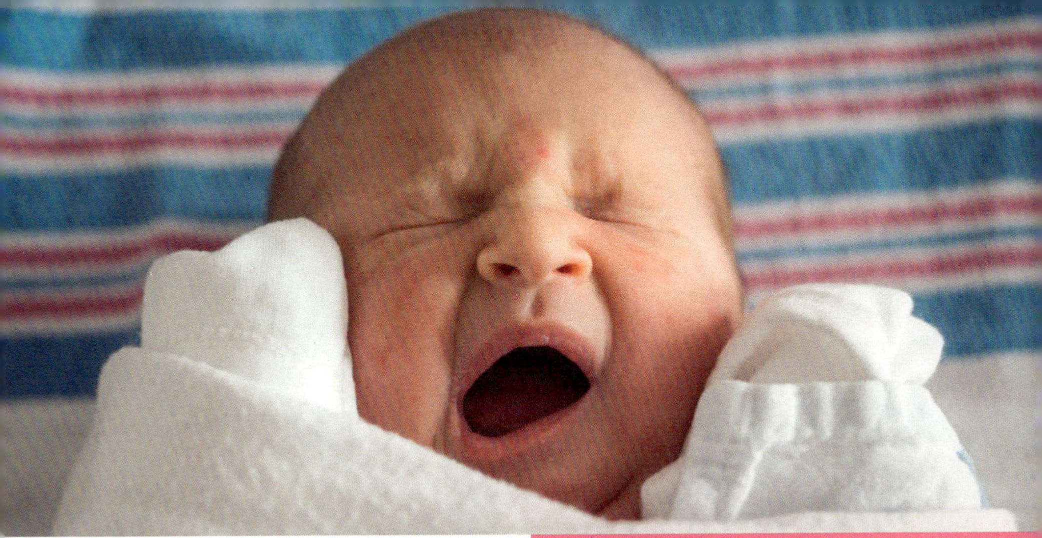

„Eärh“ mit „Auw“

Wenn du dein Baby die Laute „Eärh“ und „Auw“ sagen hörst, weißt du, dass es Bauchweh hat und müde ist.

Es ist am besten, Massagetechniken anzuwenden und es auf diese Weise einschlafen zu lassen. Durch die Massage und den Druck auf den Bauch werden die Gase herausgedrückt, egal ob dein Baby schläft oder wach ist. „Eärh“ mit „Auw“ ist eine Kombination, die du häufig hören wirst, weil der Schmerz Babys erschöpft.

Blähungen können auch ein schlafendes Baby aufwecken. Lass es nicht weinen. Es wird deine Hilfe brauchen, um das Problem zu lösen. Wende also eine geeignete Technik an und bringe es dann in aufrechter Position wieder zum Einschlafen.

Birgits Geschichte

Birgit, eine junge Mutter, die den Dunstan Babysprache Kurs gebucht hatte, um die Methode zu lernen, aber noch nicht mit der Umsetzung begonnen hatte, kam eines Tages verzweifelt zu uns, weil ihr Baby einfach nicht aufhören wollte zu weinen.

Sie tat mir leid, weil ihr kleiner Junge Joel sich so richtig in Rage schrie und Birgit sich verzweifelt und hilflos fühlte. Ich setzte mich mit ihr zusammen und erklärte ihr, dass Joel ihr sagte, er habe Bauchschmerzen.

Wir haben auch besprochen, wie man das verhindern kann, z.B. durch Aufstoßen zum richtigen Zeitpunkt, durch Füttern nur dann, wenn er darum bittet, und indem man ihn tagsüber oft aufrecht trägt, um eine Ansammlung von Blähungen zu vermeiden. Birgit ging viel entspannter nach Hause. Als sie schließlich wieder zum Kurs erschien, sagte sie, dass dieser Termin ein Wendepunkt gewesen sei.

Anstatt ihr Leben auf das Stillen ihres Babys auszurichten, konzentriert sie sich jetzt mehr auf das Luftproblem. Das hilft Joel, besser zu trinken und zu schlafen und ihre gemeinsame Zeit ist viel stressfreier.

Bridgets Geschichte

Manchmal lache ich über die Situationen, in denen ich mich wiederfinde, z. B. wenn ich mit einem drei Wochen alten Baby am Telefon spreche. Bridget, die gerade angefangen hatte, das Dunstan Babysprache System zu lernen, rief mich eines Abends an, um zu fragen, was ihre Tochter Madeleine sagte. Sie hielt sie ans Telefon, und ich konnte hören, wie sie „Eärh“ und „Auw“ sagte.

„Es sind Schmerzen im unteren Bauchbereich, und sie wird müde“, erklärte ich. „Hat sie heute viel flach gelegen?“ „Ja, das hat sie in der Tat“, sagte Bridget. „Wir waren heute Morgen einkaufen, und ich hatte einen Termin beim Arzt.“ Das bedeutete, dass Madeleine länger als sonst im Kinderwagen gelegen hatte, was zu einer Ansammlung von Luftblasen geführt hatte.

„Und ich wette, sie hat ein paar Nickerchen verpasst?“ sagte ich. „Ja, da hast du auch recht“, lachte Bridget. Ich empfahl die Schultertechnik, um die Luft zu verlagern, bevor sie sie schlafen legt. Eine halbe Stunde später rief ich noch einmal an, um mich nach den Fortschritten zu erkundigen, wie ich es immer tue, wenn mich jemand anruft und um Rat bittet. Bridget erzählte mir, dass es ihr nicht gelungen sei, sie zu beruhigen. Aber ihr Mann, der erst seit fünf Minuten zu Hause gewesen sei, hatte Erfolg gehabt. Er hatte Madeleine ganz hoch auf der Schulter getragen.

Ich habe festgestellt, dass Männer manchmal mehr Erfolg mit der Schultertechnik haben. Sie scheinen in der Lage zu sein, das Baby höher anzuheben. Auf jeden Fall hatte Madeleine gerade ein kräftiges Bäuerchen gemacht und pupsen können. Jetzt sagte sie „Neh Neh Auw“. Sie war hungrig und müde. Bridget stillte sie, während wir sprachen, und Madeleine schlief ein. Bridget sagte, dass eine Situation wie diese normalerweise stundenlanges, unkontrolliertes Weinen bedeutet hätte. Dieses Mal war das Problem in nur einer halben Stunde gelöst.

„Eärh“ mit „Eh“

„Eärh“ mit „Eh“ bedeutet, dass sowohl im oberen als auch im unteren Bauch deines Babys Luft eingeschlossen ist, wobei der untere Teil des Verdauungssystems die meisten Beschwerden verursacht.

Wende die Massagetechniken an, die im Kapitel „Eärh“ erläutert werden. Sie sollten helfen, die Luft in beide Richtungen herauszubekommen. Wenn nicht, dann erst massieren, danach aufstoßen lassen.

Gill und Peters Geschichte

Kindermädchen leisten eine wertvolle und mitunter schwierige Arbeit. Sie verbringen den ganzen Tag mit den geliebten Kindern anderer Menschen. Oft lieben sie sie fast so sehr wie die Eltern, müssen aber eine professionelle Distanz wahren.

Diese Verantwortung lastet schwer auf Penny, einem Kindermädchen, das ich über ihre Arbeitgeber Gill und Peter kennengelernt habe. Als sie eines Abends nach Hause kamen, fanden sie ihren sechs Wochen alten Sohn mit offensichtlichen Schmerzen und Sorgen vor. Da sie beide den Dunstan Babysprache Kurs absolviert hatten, verstanden sie, dass er „Eärh, Eh, Eärh“ sagte. Penny sah verlegen und enttäuscht aus, dass sie nicht in der Lage gewesen war, dem Baby zu helfen, zumal Gill und Peter ihr Wissen über die Methode weitergegeben hatten.

Peter sagte ihr, sie solle sich keine Sorgen machen, und holte allen eine Tasse Tee, während Gill das Baby über ihr Knie legte und ihm den Rücken massierte in der Hoffnung, dass sich die Luft, die die Schmerzen im Unterbauch verursachte, verlagern und gleichzeitig das Problem mit dem Bäuerchen lösen würde. Währenddessen fragte Peter Penny leise nach ihrem Tag. Sie sagte, er sei wie immer gewesen, und der Kleine habe ganz gut geschlafen. Am Nachmittag sei er zufrieden gewesen und habe in seinem Kinderwagen unter den Bäumen im Garten gelegen. Später sei er unruhig geworden. „Hast du ihn oft hochgehoben und bist mit ihm spazieren gegangen?“, fragte Peter. „Nicht viel“, sagte Penny. „Ich habe vor und nach dem Füttern Bäuerchen mit ihm gemacht, wie du es mir gesagt hast, und ihn dann wieder hingelegt.“ Da Penny ein Bäuerchen gemacht hatte, konnte sich Peter auch nicht erklären, warum Bauchweh aufgetreten war. Nach dieser Nacht beschlossen er und Gill, dass es für Penny von Vorteil wäre, das Dunstan System aus erster Hand zu lernen und schickten sie zum Kurs. Eines Tages machte Penny eine beiläufige Bemerkung, die mich auf eine Zurückhaltung im Umgang mit Kleinkindern aufmerksam machte. Als ich vorsichtig nachfragte gab sie zu, dass sie tatsächlich Bedenken beim Umgang mit Neugeborenen habe. Sie ist selbstsicher, wenn die Babys älter und robuster sind, hat aber Angst, sie fallen zu lassen oder zu verletzen, wenn sie noch ganz jung und zerbrechlich sind. Ich konnte mir vorstellen, dass sie aus Vorsicht das Baby weniger aufrecht tragen wollte, was die Luftansammlung erklären würde. Wenn ein Baby den ganzen Nachmittag im Wagen liegt, sammelt es Blähungen an, die sich vor allem zwischen 17 und 18 Uhr bemerkbar machen.

Penny und ich haben uns über sichere und bequeme Positionen unterhalten, in denen ein Baby aufrecht gehalten werden kann. Man kann zum Beispiel in einem bequemen Stuhl sitzen und das Baby sanft in die Armbeuge nehmen, während der Po auf dem Schoß ruht. So bleibt es aufrecht, aber man hat nicht das schreckliche Gefühl, dass man es jeden Moment fallen lassen könnte.

Ich weiß nicht, ob ich helfen konnte, Pennys Ängste zu zerstreuen, aber ich hoffe, dass das System ihr ein paar mehr Werkzeuge an die Hand gegeben hat, um mit auftretenden Problemen umgehen zu können.

„Eärh“ mit „Heh“

Wenn du „Eärh“ und „Heh“ hörst, verursachen Blähungen bei deinem Baby Schmerzen. Es kann aber auch eine weitere Ursache für Beschwerden geben.

Als Erstes solltest du prüfen, ob die von dir angewandte Massagemethode richtig funktioniert.

Möglicherweise liegt der Bauch des Babys nicht direkt über deinem Knie oder deiner Schulter oder du musst es sanfter streicheln, schaukeln und wiegen. Wenn du häufig „Heh“ hörst kann es sein, dass etwas anderes dahintersteckt.

Es könnte eine nasse oder volle Windel haben oder durch das Weinen überhitzt sein. In diesem Fall kannst du ihm ein feuchtes, kühles Tuch auf die Stirn legen, während du die Massage fortsetzt.

Kerries Geschichte

Babys sind Miniaturausgaben von uns selbst, sodass es nicht schwer ist sich vorzustellen, wie sie sich fühlen, wenn man ihre Sprache versteht. Genau dieser Gedanke kam Kerrie während einer Lektion über den Laut „Eärh“ und seine Kombinationen.

Ich hatte gerade „Eärh“ und „Heh“ als eine Kombination beschrieben, die übersetzt so viel bedeutet wie „Ich habe Schmerzen, Mama, und ich fühle mich überall schrecklich mies.“ „Oh, du meinst, wie Regelschmerzen?“, kreischte Kerrie. Alle im Raum lachten.

Sie hatten verstanden. Wenn du diese Worte hörst, stelle dir vor, wie es ist, wenn zu den Regelschmerzen Kopfschmerzen dazukommen, wenn deine Gelenke schmerzen und dein Körper sich dick und schwer anfühlt.

Das ist vergleichbar mit dem, was dein Baby fühlt. In einem solchen Fall ist es wichtig, ihm viel körperliche und sprachliche Zuwendung zu geben.

Lege dein Baby in der bereits beschriebenen Position über deine Knie. Beuge dich aber diesmal nach vorn, sodass das Baby von deinem ganzen Körper umschlossen wird. Wenn du die Schultertechnik bevorzugst, streichle und umarme dein Baby zusätzlich mit deinem Arm oder lege deinen freien Arm direkt um dein Kind, um es zu trösten.

Verwende einen beruhigenden Tonfall, um dein Kind zu besänftigen, denn es kommt gerade nicht gut zurecht, wenn du diese beiden Laute zusammen hörst.

„Heh“-Kombinationen

„Heh“ ist ein unspezifischer Laut, sodass du, selbst wenn du ihn als primären Laut hörst, immer noch raten musst, was das Problem ist. „Heh“ in Kombination mit einem anderen Laut kann entweder dazu dienen, das sekundäre Bedürfnis zu betonen, oder es kann die Hauptursache für ein Unbehagen sein, das nichts mit dem sekundären Laut zu tun hat. „Heh“-Kombinationen haben keine sofortigen Lösungen, sondern drücken unangenehme Empfindungen aus, die mit dem richtigen Handling vorübergehen werden.

„Heh“ mit „Neh“

Du hörst auf „Heh Heh Neh Heh“.

Wenn du „Heh“ mit „Neh“ hörst, möchte dein Baby wahrscheinlich saugen, um sich zu beruhigen. Diese Kombination ist auch zu hören, wenn sich dein Baby durstig fühlt oder einen trockenen Hals hat.

Es ist auch möglich, dass es eine Erkältung oder Halsweh hat, was durch Trinken etwas gelindert werden kann.

Beruhigungstechniken

1. Gib deinem Baby einen Finger, wenn du es bereits gefüttert hast oder lass es in Ruhe am Schnuller oder etwas anderem saugen.
2. Achte auf Krankheitsanzeichen deines Babys. Wende dich im Zweifel an deine Hebamme oder an einen Arzt.
3. Ist es ein heißer Tag? Selbst im Winter mit der Heizung an kann ein Kleinkind die Wärme spüren und schnell etwas trinken wollen.

Nathans Geschichte

Nathan und seine Partnerin kümmerten sich abwechselnd um Aden, ihren 11 Wochen alten Sohn. Sie haben ihr eigenes Unternehmen und sind daher zeitlich flexibel.

Aden war normalerweise sehr zufrieden. Die Dunstan Babysprache war für dieses Paar eher eine Bestätigung ihrer eigenen Überzeugungen als eine Umstellung.

Eines Tages jedoch erhielt ich einen Anruf von Nathan. Er war besorgt, weil Aden in letzter Zeit sehr gereizt war und viel mehr weinte als sonst. Er fragte sich, ob dies eine Phase war oder ob sie etwas verpasst hatten, was Aden zu sagen versuchte.

Nachdem ich ihm am Telefon zugehört hatte, konnte ich die Kombination für „Heh Heh Neh“ hören.

Ich fragte, ob es möglich sei, dass Aden nicht gesund ist? Daran hatten sie nicht gedacht. Es stellte sich heraus, dass alle anderen in der Familie die Grippe durchmachten. Aden fühlte sich nicht wohl. Er wollte zur Beruhigung saugen und eine Kuscheleinheit.

Anitas Geschichte

Ich glaube, wir sind uns nicht bewusst, wie heiß und stickig es auf dem Rücksitz eines Autos in einer Babyschale werden kann.

Anita war auf dem Weg zu ihrer Mutter, um ihren Sohn Jacob abzusetzen, bevor sie zu einem Geschäftsessen ihres Mannes fuhr. Als sie ankam, war sie sehr erleichtert, denn die letzten Minuten hatte Jacob geweint.

Anita konnte den Laut „Heh" hören, aber erst als sie den Wagen anhielt, hörte sie auch „Neh".

Sie konsultierte ihre Lautübersicht, sie überall hin mitnahm, wohin Jacob sie begleitete, und sah, was „Heh Heh Heh Neh" bedeutete.

Sie holte ihn schnell aus dem Auto, als sie merkte, wie heiß er war, und gab ihm zur Beruhigung etwas zu trinken.

Jacob war im Handumdrehen wieder der Alte und Anita konnte zum Mittagessen gehen, ohne sich Sorgen machen zu müssen, ein weinendes Kind zurückzulassen.

„Heh“ mit „Auw“

Du hörst auf „Heh Heh Auw“.

Wenn dein Baby „Heh“ mit „Auw“ sagt, ist es entweder gereizt und müde oder es möchte einschlafen, fühlt sich aber nicht wohl dabei.

Überprüfe seine Windel, sein Bettzeug, ob es zu fest eingehüllt ist oder sich eingeengt fühlt, und die Temperatur des Raums, in dem es sich befindet. Jedes dieser Details könnte es am Einschlafen hindern.

Wende deine bevorzugten Beruhigungstechniken an, z.B. klassische Musik spielen, leise singen, dein Baby wiegen oder es tragen bis es schläft. Wenn du diese Laute hörst und an diesem Tag einen Ausflug in eine laute, anregende Umgebung geplant hast, sollten bei dir die Alarmglocken läuten. Gönne deinem Baby eine ruhige Zeit und die Möglichkeit sich zu erholen.

Beruhigungstechniken

1. Wenn dein Baby krank ist, braucht es viel mehr Schmuseeinheiten als sonst.
2. Wenn dein Baby in einem lauten Raum ist, bringe es in einen ruhigen. Versuche, die Umgebung, in der ihr euch befindet, so anzupassen, dass dein Baby sich beruhigen kann.
3. Wenn möglich, gib dem Baby Zeit mit dir allein. Wenn du diese Kombination hörst, ist dies nicht der passende Zeitpunkt, um das Baby der Oma oder einer gut meinenden Freundin zu überlassen. Es will Mama oder Papa. Wenn du Besuch hast, entschuldige dich und bringe dein Baby in ein anderes Zimmer. Dein Baby fühlt sich dort, wo es momentan ist, nicht wohl.

Kims Geschichte

Als Kim kam, um die Dunstan Babysprache zu erlernen, war Baby James seit etwa einer Woche erkältet. Er war auf dem Weg der Besserung, begann mehr zu essen und ruhiger zu schlafen.

Kim glaubte, den Laut „Heh“ zu erkennen, aber ab und zu hörte sie „Auw“. Wenn der „Heh“-Laut überwiegt, bedeutet das, dass das Baby sich allgemein ausgelaugt fühlt. Es ist nicht mehr krank, sondern müde und lustlos.

Kennst du solche Tage? Wir haben sie auch. Kim kennt sie auf jeden Fall. Sie beschreibt sie als „Netflix-Tage“. Das sind die Momente, in denen sie sich müde fühlt und nichts weiter tun möchte, als sich auf die Couch zu legen und Netflix zu schauen.

Da sie nun mit James besser mitfühlen konnte, sorgte sie rasch dafür, dass er viel Liebe und Aufmerksamkeit bekam und nicht zu viele Ablenkungen, bis er sich gestärkter fühlte.

Jens und Janines Geschichte

Die Routine von Babys wird manchmal gestört, einfach weil das Leben so ist. Es gibt viele Gründe, warum der Körper eines Babys aus dem Gleichgewicht gerät. Aber immer wird man es am nächsten Tag in Form von „Heh“ und „Auw“ bemerken.

Jens und Janine erlebten dies am Tag, nachdem Jens seine Buchvorstellung hatte. Es war ein Ereignis, das er fast so sehnsüchtig erwartet hatte wie die Geburt seines Sohnes Justus. Die „Wehen“, die Jens beim Schreiben des Buches durchgemacht hatte, waren vielleicht ebenso anstrengend wie die seiner Frau Janine bei der Geburt von Justus.

Angesichts der Bedeutung der Veranstaltung wurde Justus mitgenommen. Viele der Anwesenden machten mehr Aufhebens um ihn als um das Buch. Es war ein fabelhafter Abend.

Aber am nächsten Tag war Justus nicht gut gelaunt und sagte „Heh Heh Auw“, um seinen Eltern mitzuteilen, dass er müde und unglücklich war und einfach keinen guten Tag hatte. Jens arbeitete und hatte einen Besuch bei Freunden vereinbart. Aber da sie wussten, was diese Laute bedeuteten, beschlossen sie, ihre Verabredungen abzusagen und einen ruhigen Tag zu Hause zu verbringen.

Sie hofften, dass Justus den ganzen Tag schlafen würde. Das tat er nicht und blieb quengelig. Aber wenigstens wusste Janine warum. Sie kuschelte viel mit ihm. Sie sang ihm etwas vor. Sie sorgte für Ruhe im Haus und gab ihm viel Gelegenheit sich zu erholen. Am nächsten Tag war er ein wenig fröhlicher.

Am dritten Tag hatte er wieder in seine gewohnte Routine zurückgefunden.

„Heh“ mit „Eärh“

Du hörst auf „Heh Heh Eärh Heh“.

Ein Baby, das „Heh“ und „Eärh“ sagt, hat zweifellos Blähungen, die große Beschwerden verursachen.

Tut man nichts, wird die Sache sehr schmerzhaft.

Massagen, warme Bäder und aufrechtes Tragen können helfen. Das Wichtigste ist, die Luft herauszubefördern und geduldig zu sein, weil man sonst eine schwierige Nacht vor sich hat.

Wenn du noch andere Kinder hast, versuche, deinen Partner oder Freunde um Hilfe zu bitten, denn dein Baby braucht jetzt deine ganze Aufmerksamkeit.

Beruhigungstechniken

1. Trage dein Baby in einem Tragetuch, reibe und streichle es.
2. Probiere eine der auf Seite 29 beschriebenen Methoden zur Bauchwehlinderung aus.
3. Versuche die auf Seite 29 beschriebene Kniemethode, gefolgt von einer Massage und einem Bad. Sei sehr sanft mit deinen Massagebewegungen. Kleine kreisende Bewegungen über den Bauch und den Rücken sind beruhigend.

Lauras Geschichte

Lauras Baby leidet an Bauchweh.
Nachdem sie die Dunstan Babysprache gelernt hatte, gewöhnte sie sich daran, „Heh“ und „Eärh“ zu hören, eine Kombination, mit der ihr Baby Klara sagt, dass sie sich unwohl fühlt, weil sie Blähungen hat.

Laura lernte, zwischen dem bisher unerklärlichen Weinen und dem bedeutungsvollen Schreien mit den Worten „Heh“ und „Eärh“ zu unterscheiden.

Wenn sie diese Kombination hört, gibt sie Klara eine sanfte Massage und setzt sie dann in ein warmes Bad.

Laura hat auch gelernt, Klara aufrecht zu halten, wenn sie diese Kombination hört, indem sie sie oft in die Babytrage nimmt, um dann mit ihrer Arbeit fortzufahren.

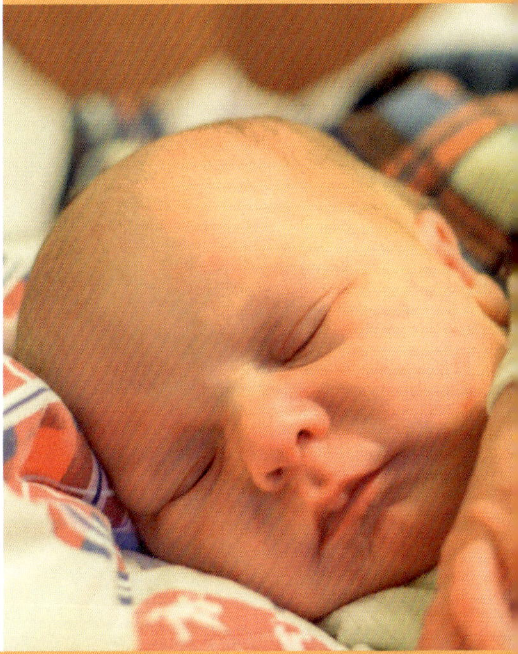

Rafkas Geschichte

Oft kommen Eltern auf Empfehlung ihrer Hebamme oder ihrer Mütterberatung zu mir. Ich bekomme auch viele Tonaufnahmen von Fachpersonal mit ihren „Problemkindern".

Ich arbeite sehr gern mit Fachleuten zusammen, da ich mich mit ihnen ausführlich über Babys unterhalten kann. An diesem Tag sah ich mir ein Video von einem syrischen Baby namens Rafka an. Rafka weinte „Heh Heh Heh Eärh".

Was die Krankenschwester verwirrte war, dass Rafka diese Kombination oft nach einem Kolikanfall sagte. Warum sollte sie das noch sagen, nachdem die Schmerzen der Kolik vorbei waren? Die Antwort war so einfach.

Während der Kolikbehandlung hatte Rafkas Mutter alles getan, was sie konnte: die verschiedenen Methoden gegen Bauchweh, Massagen, Bäder usw.

Die Kolik ließ zwar nach, aber da das Weinen körperlich anstrengend war, wurde Rafka sehr heiß, sodass das „Heh" und „Eärh" ein paar „Nachwehen" der Erholung von der Kolik waren.

Nachdem Rafka einige Kleidungsstücke während dieser Phase ausgezogen wurden, waren die Beschwerden verschwunden.

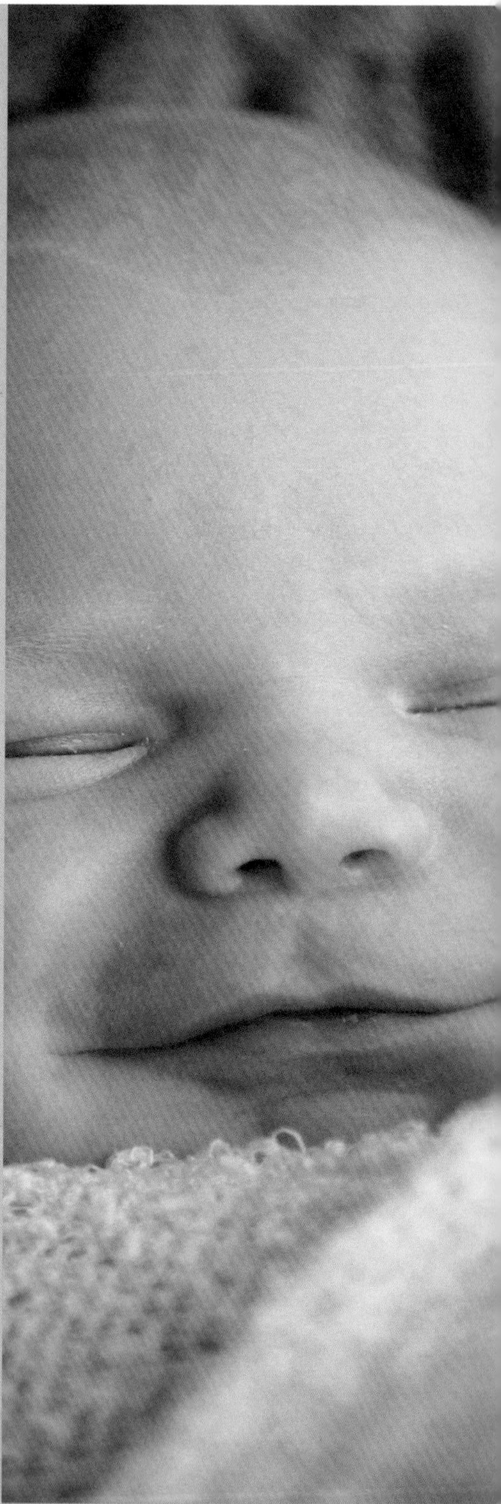

„Heh" mit „Eh"

„Heh Heh Eh" bedeutet, dass dein Baby sich unwohl fühlt, weil es aufstoßen muss.

Diese Lautkombination zeigt an, dass dein Baby wahrscheinlich nicht lange genug in einer aufrechten Position war, um die Luftansammlung in seinem Verdauungssystem zu verlagern, was ihm Unwohlsein bereitet.

Tue alles, was du kannst, um ihm zu helfen. Wende die im Kapitel über den Laut „Eh" beschriebenen Methoden an.

Überprüfe auch einige deiner Praktiken. Hältst du dein Baby tagsüber ausreichend aufrecht? Bekommt dein Baby genug Gelegenheit, die Luft zu verlagern?

Trage dein Baby vielleicht häufiger in einem Tragetuch herum. Wenn dein Kind von jemand anderem betreut wird, bespreche mit der Person, dass sie es öfter in einer aufrechten Position hält.

Beruhigungstechniken

1. Setze dein Baby in ein Tragetuch. Schmiege es an deine Brust. Reibe seinen Rücken, um die Luftblase zu lösen.

2. Halte dein Baby an deine Brust gedrückt, sodass dein Kinn auf seinem Kopf ruht. Streichle seinen Po und Rücken, während du im Garten oder in einer ähnlich ruhigen Umgebung mit ihm spazieren gehst.

3. Trage dein Baby aufrecht in einer angenehmen Haltung und gehe spazieren. Das ist eine einfache, aber wirksame Lösung. Vermeide jedoch laute, helle Umgebungen – das würde ein verstörtes Baby nur weiter aufregen.

Danielas Geschichte

Daniela hilft jedes Jahr beim Kirchenfest der Stadt mit.

In diesem Jahr hatte sie ihr Baby Tim im Kinderwagen mitgenommen. Der Tag hatte mit einem besonderen Gottesdienst begonnen. Tim hatte die ganze Stunde über ganz glücklich dagelegen. Daniela fütterte ihn und machte mit ihm ein Bäuerchen, dann stellte sie ihn unter einen Baum in der Nähe des Standes, den sie betreute und behielt ihn im Auge.

Es dauerte nicht lange, da fing er an zu schreien: „Heh Heh Eh". Er hatte zu lange im Kinderwagen gelegen, und ihm war heiß geworden. Er fühlte sich unwohl und wollte ein ordentliches Bäuerchen machen. Als Daniela ihn herausholte und mit ihm spazieren ging, beruhigte er sich schnell.

Jonathans Geschichte

Jonathan und seine Frau bekamen Zwillinge, was bedeutete, dass er keine andere Wahl hatte, als sich sehr zu engagieren.

Eines Tages als seine Frau Alissa ihren dringend benötigten Schlaf nachholte, bemerkte er, dass sein kleiner Sohn auf dem Boden herumzappelte. Er sah sehr unruhig aus. Als Jonathan auf der Lautübersicht nachschaute, sagte der kleine Ethan „Heh“, Jonathan konnte aber auch ein „Eh“ hören.

Jonathan hatte gerade den zweiten Tag des Väter-Workshops hinter sich und wusste, dass er sich um den häufigsten Laut kümmern musste. Aber er hatte zudem den sehr intuitiven Gedanken, dass vielleicht auch der „Eh“-Laut etwas bedeutete. Deshalb beschloss er zu sehen, ob Ethan sich unwohl fühlte, weil ihn Luft drückte.

Er hatte recht. Ethan war viel glücklicher, als er aufrecht gehalten wurde. Und obwohl er kein lautes Bäuerchen von sich gab, sagte Jonathan, dass sich die Steifheit von Ethans Körper deutlich verändert hatte, nachdem er eine Weile so gehalten wurde.

Entwicklungsbedingte Veränderungen

Wenn dein Baby langsam ins Krabbelalter kommt, erlebt es große Veränderungen. Diese beeinflussen, wie es mit den Menschen um sich herum in Beziehung tritt, wie es über das Funktionieren der Welt denkt, wie es aussieht, wie sich sein Körper bewegt und am Wichtigsten, wie sich seine Schlafmuster (insbesondere nachts) entwickeln.

Wachstumsschübe

Nach dem dritten Lebensmonat haben Babys normalerweise ein oder zwei wesentliche Wachstumsschübe. Sie scheinen sich über Nacht zu vollziehen, was tatsächlich oft der Fall ist! Du hebst dein Kind am Morgen hoch und denkst: „Ooh! Es fühlt sich etwas schwerer an!".

Dein Baby wird fülliger und bekommt mehr Speck auf den Rippen. Durch sein Wachstum wird es auch stärker. Es kann nun bäuchlings seinen Kopf länger heben und macht erste Versuche zu rollen.

Es ist wichtig, dass dein Baby in dieser Entwicklungsphase immer mehr Zeit auf dem Bauch liegend verbringt. Spielzeit auf dem Bauch unterstützt die Entwicklung seiner Rücken-, Arm- und Schultermuskeln. Diese braucht es, um selbst eine komfortable Schlafposition zu finden, wenn es sich im Bettchen allein umzudrehen beginnt.

Wenn dein Baby nicht gern auf dem Bauch liegt, bleib trotzdem dran. Du kannst es alternativ auch auf deinem Schoß probieren. Erwäge, dein Baby beim Osteopathen auf eventuelle Blockaden durchchecken zu lassen.

Wachstumsschübe und Schlaf

Manche Erziehungsexperten führen den Schlafmangel des Babys in dieser Phase auf die Wachstumsschübe zurück. Das stimmt jedoch nicht. Wachstumsschübe sind durch erhöhten Schlaf- und Nahrungsbedarf für etwa 3 bis 7 Tage gekennzeichnet. Wenn du denkst, dass dein Baby gerade einen solchen Schub hat, stelle sicher, dass es ein paar extra Kalorien durch vollständige Mahlzeiten bekommt, immer dann, wenn du es „Neh" sagen hörst.

Gehirnentwicklung

Das Gehirn deines Babys wächst und entwickelt sich unglaublich schnell. Sein Sehvermögen hat sich auch verbessert, und es ist nun in der Lage, auf größere Entfernungen zu fokussieren. Nun gibt es überall etwas zu lernen, auszuprobieren und zu entdecken.

Dein Baby findet seine Umwelt wahnsinnig faszinierend und kann durch sie sehr leicht abgelenkt werden – besonders bei den Mahlzeiten. Deshalb kann es eine gute Idee sein, es dort zu füttern, wo es keine Ablenkungen gibt, um sicherzustellen, dass es eine vollwertige Mahlzeit am Stück erhält und dem „Snacken" vorzubeugen.

Im Kontakt mit anderen

Dein Baby beginnt wahrzunehmen, dass auf jede Aktion eine Reaktion folgt. Deshalb bringen nun einfache „Guck-guck-da"-Spiele und Grimassen schneiden dein Kind vor lauter Freude zum Kichern.

Es wird anfangen, Spiele zu spielen, wie z. B. Dinge fallen lassen, um zu sehen, wie du sie wieder aufhebst. Es beginnt, einfache Geräusche zu imitieren, die du vormachst.

Dein Baby ist zu einem kleinen Forscher geworden: Es beobachtet ständig, sammelt neue Daten und trifft Annahmen über die Welt.

Veränderungen beim Schlafen

Babys durchlaufen immer wieder Veränderungen in ihrem Schlafzyklus. Vielleicht hast du schon von der Vier-Monats-Schlafregression gehört.

Das klingt zwar entmutigend, ist aber in Wahrheit kein Rückschritt. Es ist vielmehr ein Fortschritt. Die Schlafgewohnheiten deines Babys reifen, entwickeln sich weiter und beginnen, sich deinem Schlafstil anzupassen.

- Phase 1: Schläfrig werden
- Phase 2: Leichter Schlaf
- Phase 3: Tiefer erholsamer Schlaf

Probleme drehen sich dabei vor allem um die Phase des leichten Schlafs, die neu für dein Baby ist. Wenn dein Baby nicht in der Lage ist, diese Phasen zu durchlaufen, kommt es nicht in den Tiefschlaf, den es braucht.

Jedes Mal, wenn ein Baby zu dieser leichten Schlafphase zurückkehrt, besteht die Möglichkeit, dass es vollständig aufwacht. Erwachsene wissen, wie sie selbstständig wieder einschlafen können. Dein Baby muss dies jedoch erst noch lernen. Es wacht vielleicht kurz nach dem Einschlafen wieder weinend auf, ist noch müde und weiß nicht, warum es wach ist. Es ist deine Aufgabe, ihm dann zu helfen.

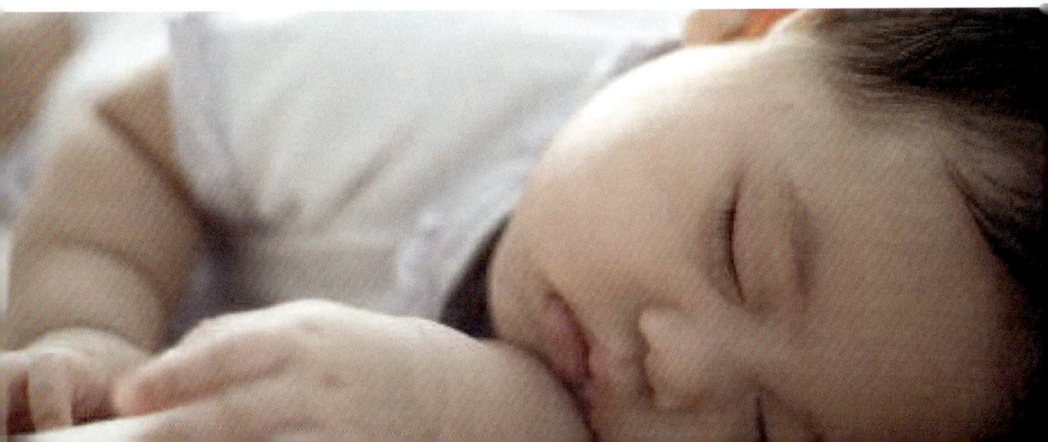

Die Zeit der Übergänge meistern

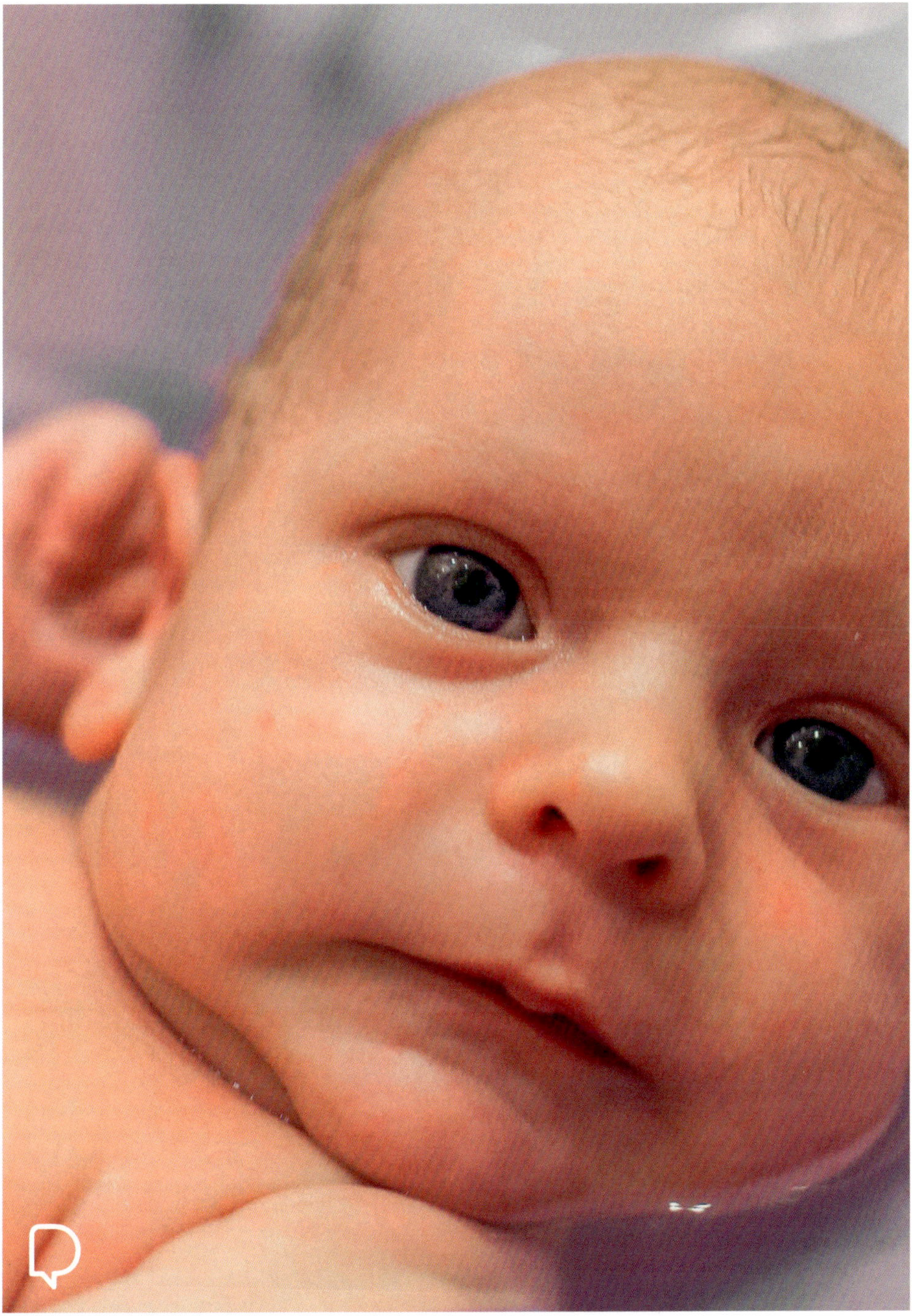

„

Beständiger Wandel ist die einzige Konstante, mit der wir als Eltern rechnen können und mit der wir lernen müssen umzugehen.

Dein Baby wächst schnell aus der Neugeborenenphase heraus.

Es entwickelt sich jeden Tag ein Stückchen weiter.

Hier geht es nun um einige der wesentlichen Veränderungen und Übergänge, die du und dein Baby in den nächsten Monaten gemeinsam erleben werdet.

"

Die ersten Zähnchen kommen

Schon in der Schwangerschaft hat dein Baby die Anlagen für seine Milchzähne entwickelt. Es ist jedoch von Kind zu Kind verschieden, wann die ersten Zähnchen durchbrechen. Meist ist dies zwischen vier und neun Monaten der Fall. Ab da zahnen Babys in Etappen, bis sie schließlich im Alter von etwa drei Jahren ihr vollständiges Milchgebiss mit 20 Zähnen haben.

Wie erkenne ich, dass mein Baby zahnt?

Unabhängig davon, wann das Zahnen beginnt, sind die Auswirkungen des Zahnwachstums schon lange vor dem ersten Zahn zu spüren und zu hören. Bei manchen Babys verläuft das Zahnen ohne Probleme, bei anderen ist es anstrengend und schmerzhaft. Das gilt auch für die einzelnen Zähne: Ein Zahn kann mit großen Beschwerden kommen, der nächste dagegen ohne. Die Schmerzen beim Zahnen treten oft schubweise auf. Das ist für besorgte Eltern nicht so leicht zu verstehen.

Da es schmerzhaft sein kann, wenn sich ein neuer Zahn durch das Zahnfleisch schiebt, sind Babys dann oft unruhiger, weinerlicher und schlafen schlechter als sonst. Sie sind anhänglicher und suchen viel körperliche Nähe und Trost. Ein zahnendes Baby sabbert deutlich mehr. Seine Wangen können gerötet sein und dicker wirken, manchmal auch nur auf einer Seite. Du kannst sicher auch sehen, dass seine Kauleiste hell schimmert oder sein Zahnfleisch gerötet oder geschwollen ist. Zur Linderung des Zahnungsdruckes kaut und beißt dein Baby aus einem Impuls heraus auf allem herum, was es zu greifen bekommt.

Der Zahnungslaut „Gen“

Wenn das Zahnfleisch deines Babys wund ist, ist es ganz natürlich, dass es die wunde Stelle reiben oder massieren möchte. Dadurch entsteht der Laut fürs Zahnen. Dieser ist im Gegensatz zu den anderen vorgestellten fünf Dunstan-Lauten noch nicht wissenschaftlich evaluiert, aber dennoch mittlerweile durch zahlreiche Beobachtungen an Babys gut belegt. Er tritt meist im Alter zwischen zwei und acht Monaten verstärkt auf.

Das Baby wird anfangen zu quengeln und in der Phase vor dem Weinen wirst du „Gen“ hören. Babys, die sich nur leicht unwohl fühlen, werden den Laut ruhiger sagen. Ist ein Baby gereizter, dann wird der Laut eher geweint. Das Unwohlsein des Babys bestimmt die Stärke und Aggressivität des Weinens. Das Unbehagen wirkt sich auch auf die Tonhöhe dieses Lautes aus: Ein stärkerer Schmerz führt zu einem höheren, lauteren Ton. Wenn dein Baby also „Gen“ ruft, weißt du, dass es Zeit ist, ihm rasch zu helfen.

Wie sich der Zahnungslaut anhört

Um diesen Laut selbst zu erzeugen, ziehe deine Wangen zwischen den oberen und unteren Zähnen nach innen. Öffne den Mund und ziehe die Mundwinkel nach hinten. Lege deine Zunge hinter die unteren Zähne und mache eine Kaubewegung, als ob du versuchst, die Seiten deiner Wangen zu kauen. Gib Ton dazu und du wirst „Gen“ hören. Der Ton vibriert leicht in deiner Nase und am Gaumen. Es ist die Kaubewegung, die den „Gen“-Laut erzeugt – die gleiche Bewegung, die das Baby macht, wenn es seinen Kiefer bewegt, um die Beschwerden in seinem Zahnfleisch zu lindern. Wenn du den Laut „Gen“ nachahmst, wirst du außerdem feststellen, dass du am Ende der Lautäußerung halb schluckst und dann einatmest. Diese Aktion kann den „U“-Laut erzeugen, der auf „Gen“ folgt, und den du manchmal vom Baby hören kannst. Dieser „U"-Laut wird umso lauter, je aufgeregter dein Baby ist. Denn je aufgeregter es ist, desto mehr muss es schlucken und atmen, während es „Gen" immer weiter wiederholt. Wenn „Gen" auf diese Weise gerufen wird, klingt es eher wie „Ugen" und ist ein Anzeichen dafür, dass der Schmerz beim Zahnen stärker ist.

Wie entsteht der Zahnungslaut?

Unsere Fähigkeit zu essen, wird zum Teil durch Kieferreflexe unterstützt, die durch die Stimulation unserer Zähne ausgelöst werden. Diese Reflexe ermöglichen es uns, zuzubeißen, die Nahrung im Mund zu behalten und zu schlucken. Die Kieferreflexe regen auch unsere Speicheldrüsen zur Produktion und Freisetzung von Speichel an, was wiederum zum Schlucken führt. Durch das Zusammenspiel dieser Mechanismen entsteht der Laut „Gen", der Zahnen bedeutet.

Der Speichelfluss nimmt zu, wenn dein Baby zu zahnen beginnt. Das liegt daran, dass sich der Kiefer deines Babys als Reaktion auf sein wundes Zahnfleisch bewegt. Damit löst es den Kieferreflex aus, der den Speichelfluss anregt. Du kannst dir die Bewegung wie Zähneknirschen vorstellen, nur sind noch keine Zähnchen da. Der zusätzliche Speichel veranlasst dein Baby zum Schlucken. Die Kieferbewegung wirkt sich auch auf die Ohren deines Babys aus, sie öffnet die Gehörgänge und führt möglicherweise dazu, dass es an seinen Ohren zieht.

Der Druck, der von den durchbrechenden Zähnen ausgeht, führt dazu, dass es seine Lippen zurückzieht, seine Zunge abflacht und die Seiten des Mundes zurückzieht. Es bewegt seinen Kiefer nach unten und seine Lippen nach oben, um den Druck auf sein Zahnfleisch zu verringern. Bei den oberen Zähnen legt es die Zunge flach und schiebt sie nach oben zur Vorderseite des Gaumens. Bei den unteren Zähnen legt es die Zunge flach und schiebt die Spitze zum unteren vorderen Zahnfleisch. Sowohl bei den oberen als auch den unteren Zähnen wird der Gaumen nach hinten gezogen und geöffnet. Der Rachen ist dabei offen. Durch die Position der Zunge wird der Laut mehr in die Nasenhöhle gedrückt. Durch die Auf- und Abbewegung des Kiefers wird „Gen" erzeugt.

Scanne den QR-Code für ein Hörbeispiel!

Hilfe bei Zahnungsbeschwerden

Das Wissen um den Laut „Gen“ hilft dir dabei, jedes einzelne Zähnchen einfühlsam zu begleiten und geduldig abzuwarten, denn man kann den Durchbruch schließlich nicht beschleunigen.

Babys Zähne brechen in der Regel nacheinander durch, beginnend mit den unteren mittleren Zähnen, gefolgt von den oberen mittleren Zähnen, den Seiten und hinten, bis dein Kind im Alter von etwa zweieinhalb bis drei Jahren alle seine zwanzig Milchzähne hat.

Jedes Kind wird auf den Schmerz des Zahnens auf ganz eigene Weise reagieren. Wenn dein Baby „Gen“ sagt, sei geduldig und hilf ihm seine Beschwerden zu lindern. Erinnere dich daran, dass Zahnen nicht ewig dauert. Es ist einfach eine Phase, und als solche ein Teil des Großwerdens.

Linderung durch Kühlen und Kauen

Wenn du deinem Baby etwas zum Kauen gibst, lindert das die Zahnungsbeschwerden genauso wie Kälte. Gekühlte Beißringe und Beißspielzeuge helfen, den Druck im Kiefer abzubauen und die Schmerzen zu verringern. Lege diese zum Kühlen jedoch nur in den Kühlschrank und nicht ins Gefrierfach, weil die extreme Kälte sonst der Mundschleimhaut des Babys schadet. Beißringe und Ähnliches gibt es in verschiedenen Größen, Formen, mit gerippter Oberfläche, mal weicher, mal härter – probiere aus, was dein Baby bevorzugt. Achte auf geprüfte Qualität ohne Weichmacher, Phthalate und PVC.

Auch das weiche Holz von Veilchenwurzeln wird als traditionelles natürliches Hausmittel von Hebammen gern empfohlen, da die darin enthaltenen ätherischen Öle und Alkaloide schmerzlindernd, beruhigend und betäubend wirken.

Auch eine Zahnfleischmassage mit deinem sauberen Finger oder einem aufsteckbaren Silikonfingerling oder das Kauen auf einem Plastik- oder Metalllöffel tut den Kindern gut, sofern das Zahnfleisch nicht entzündet ist.

Besonders gut geeignet sind auch Zahnbürsten für Kleinkinder. Vor allem deren variable Griffe eignen sich sehr gut zum Draufbeißen. Ihre längliche Form ist zudem prima, um an schwer zugängliche Stellen zu gelangen, sodass dein Baby die Bürste in den wunden Teil seines Zahnfleisches drücken kann. Nicht zuletzt hilft sie deinem Kind, sich frühzeitig daran zu gewöhnen, eine Zahnbürste im Mund zu haben.

Auch Waschlappen bieten sich als Zahnungshilfe an. Babys kauen während des Badens gern auf den Ecken herum. Du kannst sie ebenfalls feucht oder trocken kühlen und ggf. zusätzlich mit schmerz- und entzündungshemmendem Kamillentee tränken.

Ein kleines Kirsch- oder Traubenkernkissen ist nicht nur warm bei Bauchweh hilfreich, sondern auch gekühlt bei den Kleinsten beliebt, weil beim darauf Kauen die Füllung das Zahnfleisch sanft massiert und die Kälte es betäubt. Ab dem Beikostalter kannst du deinem Kind auch feste Obst- oder Gemüsestücke als Alternative anbieten.

Achte jedoch bei allem, was du deinem Baby zum darauf Herumkauen gibst, dass es keine Löcher oder Schäden hat und dass es sich nicht daran verschlucken kann! Laut Rettungssanitätern kann tatsächlich alles, was durch die Papphülse einer Toilettenpapierrolle passt, von Kleinkindern verschluckt werden.

Linderung von Begleiterscheinungen

Auf körperliche Veränderungen und auf Schmerzen reagiert jeder anders. Manche haben dabei unangenehme Begleiterscheinungen, bei anderen gehen sie relativ problemlos vorüber.

Strapazierte Gesichtshaut

Oft zeigt dein Baby Anzeichen von Ausschlag im Gesicht, wenn es durch das Zahnen viel sabbert. Tupfe seine Haut daher lieber trocken als zu reiben, da sie sehr empfindlich ist. Verwende eine schützende Creme, um die Haut vor Nässe zu schützen, falls diese zu einem Problem wird.

Wunder Po

Manche Babys bekommen Windelausschlag, wenn sie zahnen, andere sogar Durchfall oder erhöhte Temperatur. Einige Kinderärzte sind der Meinung, dass es einen Zusammenhang zwischen diesen Erscheinungen gibt, andere nicht. Bei meinem Sohn war das mit Sicherheit der Fall. Sobald sein Po rot wurde, wusste ich, dass der Laut „Gen" bald folgen würde, zusammen mit den unvermeidlichen Zahnungsbeschwerden. Während dieser Zeit ist es besonders wichtig, dass du dein Baby regelmäßig wickelst und eine Wundschutzcreme verwendest.

Unruhiger Schlaf

Nächtliches Aufwachen kann für Eltern frustrierend sein. Besonders dann, wenn es so aussieht, als hätten wir unser Baby gerade erst an eine praktische Schlafroutine gewöhnt. Und nun fängt es plötzlich an, wegen Zahnungsschmerzen aufzuwachen. Leider gehört das zum Zahnen dazu und ist normal. Auch Erwachsene haben Mühe zu schlafen, wenn sie sich unwohl fühlen.

Für kleine Babys ist es neu, selbst in den Schlaf zu finden. Außerdem sind ihre Schlafzyklen kürzer. Es braucht nicht viel, damit ein Baby aufwacht und merkt, dass sein Zahnfleisch sich unangenehm anfühlt. Wenn dein Baby aufwacht, und du den Laut „Gen" hörst, weißt du, dass es zusätzlichen Beistand und Aufmerksamkeit braucht. Dir ist bewusst, dass es sich um eine vorübergehende Situation handelt, was die Frustration des Aufstehens mitten in der Nacht etwas mildert. Manchmal muss dein Baby nur wieder in den Schlaf begleitet werden. Ein anderes Mal braucht es vielleicht mehr Beruhigung und Linderung seiner Beschwerden.

Großes Kuschelbedürfnis

Die meisten Babys werden anhänglich, wenn sie zahnen. Rechne also damit, dass dein Baby in dieser Phase insgesamt unruhig ist. Es ist nicht ungewöhnlich, dass es die ganze Zeit gehalten werden möchte und dann in deinen Armen wimmert. Es kann sich so anfühlen, als ob nichts, was du tust, richtig ist. Aber das kommt nur durch das Unwohlsein deines Babys. Solange du da bist, um es zu beruhigen, tust du das Richtige. Höre auf sein Weinen und seine Laute, und wenn du „Gen" hörst, weißt du, dass es ein allgemeines Gefühl körperlicher Unzufriedenheit ausdrückt, das auf dem Zahnen beruht. Dann ist liebevolle Zuwendung und ganz viel Kuscheln die beste Medizin, denn auch das wirkt schmerzlindernd.

Tinas Geschichte

„Mein drei Monate altes Kind „kaute" ständig auf Dingen herum und war noch zu klein für Zwieback oder Zahnbürste, also fror ich seinen kleinen Kuschelbären ein. Er liebte es, auf seinem Bären zu kauen! Die Bohnenfüllung massierte sein Zahnfleisch, und die Kälte half, es zu betäuben."

Teresas Geschichte

„Stacy ist mein drittes Kind, daher war ich zuversichtlich, dass ich ihre Bedürfnisse gut erfüllen würde. Sie war das typische Neugeborene, mit einem Hauch von Koliken um die sechste Woche, aber es gab nichts wirklich Besorgniserregendes.

Dann, mit fünfzehn Wochen, wurde sie sehr unruhig. Sie schlief nachts nicht mehr durch, wimmerte und weinte lange Zeit. Ich konnte keinen Zahndurchbruch sehen und dachte, sie würde wohl zu sehr von uns verwöhnt werden als kleine Schwester mit zwei großen Brüdern, die sich riesig über sie freuten, und mit einem sehr in sie vernarrten Vater.

Ich fühle mich jetzt schlecht deswegen, aber ich habe sie sogar weinen lassen, weil es so aussah, als würde das Problem durch nichts gelöst werden!

Dann erfuhr ich von dem Wort „GEN". Plötzlich machte alles einen Sinn. Ich erinnerte mich an den Schmerz meiner Weisheitszähne und hatte Mitleid mit meiner armen Kleinen.

Wenn man wusste, was genau das Problem war und dass dieses nicht ewig andauern würde, war es so viel einfacher damit umzugehen."

Tanjas Geschichte

„Gott sei Dank gibt es den Laut „Gen". Alle meine Kinder waren anhänglich, als sie zahnten. Ich habe mir dann große Sorgen gemacht, dass sie krank sind oder dass etwas nicht mit ihnen stimmt.

Der „Gen"-Laut gibt mir eine Perspektive, wenn ich es mit den anderen Symptomen des Zahnens, wie Sabbern und Wangenausschlag, in Verbindung bringen kann. Dann weiß ich, was los ist, und mache mir weniger Sorgen.

So fällt es mir leichter, den Kindern die zusätzliche Aufmerksamkeit zu schenken und zu wissen, wie ich damit umgehen soll."

Einführung fester Nahrung

Dein Baby braucht in den ersten sechs Monaten nur Muttermilch oder Säuglingsmilch. Sie bleibt das gesamte erste Lebensjahr wichtig. Im Alter von etwa sechs Monaten benötigen die meisten Babys mehr Eisen und andere Nährstoffe wie Zink und Eiweiß. Ihr Körper braucht dann zusätzliche Energie – es ist also Zeit für die Einführung von Beikost.

Warum nicht vor sechs Monaten?

Babys müssen in ihrer Entwicklung so weit fortgeschritten sein, dass sie feste Nahrung zu sich nehmen können. Bevor sie nicht reif genug sind, wissen Babys nur, wie man Milch saugt und schluckt. Wie man festere Nahrung in den hinteren Teil des Mundes befördert, um sie hinunterzuschlucken, erlernen sie erst, wenn der Zungenstreckreflex sich abbaut. Wenn man vor dem Alter von vier bis sechs Monaten feste Nahrung gibt, besteht die Gefahr, dass sich das Baby daran verschluckt. Wenn dein Baby noch nicht bereit ist, schiebt es aufgrund des Reflexes den Löffel mit der Zunge immer wieder aus dem Mund. Gleichzeitig braucht auch der Darm seine Zeit, um zu reifen, damit er die Nahrung gut verwerten kann.

Wenn du deinem Baby feste Nahrung gibst, achte darauf, dass es dennoch ausreichend Milch trinkt, die es weiterhin zum Wachsen und Gedeihen braucht.

Nimm dir Zeit für den Beikoststart

Du solltest dein Baby stillen oder ihm Flaschennahrung geben bis ins zweite Lebensjahr hinein. Danach sollte schrittweise Wasser das wichtigste Getränk für dein Baby werden. Du kannst natürlich so lange stillen, wie ihr beide damit happy seid und es genießt. Säuglings-Formula-Milch braucht es nach dem Alter von zwölf Monaten bei ausreichender Nahrungs- und Flüssigkeitsaufnahme dann langsam immer weniger.

Ist dein Baby bereit?

Hier kommt eine Checkliste:

1. Es kann den Kopf alleine halten und mit etwas Unterstützung aufrecht sitzen.
2. Der Zungenstreckreflex ist fast verschwunden und es kann Dinge mit der Hand zum Mund führen.
3. Es zeigt aktiv Interesse an dem, was du isst, streckt die Hand aus, um etwas zu bekommen und zeigt Begeisterung für das Essen.
4. Es öffnet den Mund, so als ob du ihm Essen anbieten würdest und ahmt das Kauen nach.

Die besten Nahrungsmittel

Biete deinem Baby gesunde, nahrhafte Lebensmittel an, die sein Wachstum und seine Entwicklung fördern. Wenn es mit fester Nahrung beginnt, braucht es zunächst nicht viel davon. Ein bis zwei Teelöffel voll reichen aus, bis dein Kind gelernt hat, wie es den Mund öffnen, kauen und schlucken muss. Biete zunächst pürierte Nahrung an, die eine weiche und leicht zu schluckende Konsistenz hat. Auch wenn dein Baby noch keine Zähne hat, um seine Nahrung zu kauen und zu zerkleinern, wird es dennoch seine Kiefer zum Kauen nutzen. Du kannst Pürees selbst herstellen, fertigen Brei kaufen oder dem Baby am Tisch unter deiner Aufsicht mundgerechtes Fingerfood anbieten.

Informiere dich bei gekaufter Babynahrung stets über die Vertrauenswürdigkeit des Herstellers und die Inhaltsstoffe. Du wirst überrascht sein, wie dein Baby schon in diesem frühen Alter Vorlieben für verschiedene Lebensmittel äußert. Und es wird ebenfalls überraschend sein, wie sich seine Vorlieben von Tag zu Tag ändern können. Bereite deshalb nur wenig zu, um darauf flexibel reagieren zu können. So musst du nichts wegwerfen.

Du kannst versuchen, dies anzubieten:

- Eisenreiche Getreideprodukte, z.B. Haferflocken
- Püriertes oder gehacktes rotes oder weißes Fleisch oder Fisch
- Täglich eine abwechslungsreiche Auswahl verschiedener (gekochter) Gemüsesorten
- Obst, entweder gekocht oder püriert
- Gekochtes und püriertes Ei
- Milchprodukte, z.B. ungesüßten Joghurt und Vollfettkäse
- Vollkornbrot, -getreide und -nudeln

Wenn sich dein Baby an den Brei gewöhnt hat, dann gehe von feinpüriertem zu grober püriertem Essen mit Stücken und Textur über. Du kannst auch Fingerfood anbieten. Das sind Lebensmittel, die in solche Stücke geschnitten sind, dass sie dein Baby selbst mit der Hand aufnehmen und davon abbeißen kann.

Strebe nach Vielfalt

Achte im fortgeschrittenen Beikostalter auf Abwechslung. Farbe, Textur und Geschmack sind entscheidend, damit dein Baby Freude am Essen und Ausprobieren unterschiedlicher Lebensmittel hat. Wenn du Brei selbst kochst, solltest du frisches Obst und Gemüse nehmen, das mit einem Minimum an Wasser gekocht wird bis es weich genug zum Kauen ist. Friere kleine Dosen oder Eiswürfelbehälter mit frisch gekochten Mahlzeiten ein.

Versuche auch, geeignete Lebensmittel von deinem eigenen Teller zu teilen und gewöhne dir an, deinem Baby verschiedene Geschmacksrichtungen anzubieten.

Vermeide es, der Nahrung deines Babys Salz oder stark schmeckende Zusatzstoffe oder Gewürze beizufügen. Seine Geschmacksknospen sind sehr empfindlich. Sie können selbst die feinsten Aromen wahrnehmen.

Im Alter von etwa zwölf Monaten sollten die meisten Babys im Wesentlichen die gleiche Nahrung wie der Rest der Familie zu sich nehmen.

Diese Lebensmittel solltest du meiden

- Ganze Nüsse, Popcorn, Süßigkeiten, ganze Weintrauben, rohe Karotten, rohe Äpfel, andere harte Früchte und Gemüse (Erstickungsgefahr)
- Honig (kann Botulismussporen enthalten)
- Limonade, zucker- oder kohlensäurehaltige Getränke
- Koffeinhaltiger Tee, Kaffee oder Energy Drinks

Wann ist die beste Tageszeit zum Starten?

Es kann hilfreich sein, deinem Baby nach seiner Milch am Vormittag erste feste Nahrung anzubieten damit, falls es dadurch unruhiger ist, der Nachtschlaf weniger beeinträchtigt wird.

Solange Mutter- oder Säuglingsmilch im ersten Lebensjahr immer noch die wichtigste Nahrungsquelle ist, darf dein Kind mal mehr und mal weniger an fester Nahrung zu sich nehmen. Gib ihm Zeit, zu testen und Lebensmittel zu erkunden.

Was es zu beachten gilt

- Biete dem Baby Essen nur an, wenn es in einer aufrechten Position ist, damit es besser schlucken kann, ohne sich zu verschlucken.
- Achte aufmerksam auf die Signale deines Babys, ob es hungrig oder satt ist. Zwinge dein Kind nicht zum Essen und biete ihm nicht immer wieder Essen an, wenn es sich abwendet, den Mund verschließt oder nicht schluckt.

- Gib deinem Baby viel Zeit zum Üben seiner neuen Fähigkeiten. Denke daran, beim Essen von fester Nahrung geht es ebenso sehr um das Lernen, wie um die Ernährung.
- Lass dein Baby eine „Sauerei" machen. Sobald es bereit ist, biete ihm Fingerfood an und gib ihm die Möglichkeit, das Essen selbst zu nehmen und in den Mund zu stecken.
- Beaufsichtige dein Baby immer, wenn es feste Nahrung zu sich nimmt. Vor allem an kleinen, harten Lebensmitteln könnte sich dein Baby unter Umständen verschlucken.
- Achte darauf, die Nahrung sicher zuzubereiten und aufzubewahren. Erwärme niemals Speisen, die zuvor aufgewärmt oder länger als zwei Stunden bei Raumtemperatur gelagert wurden.

Vegane oder vegetarische Ernährung?

Babys und Kleinkinder, die vegetarisch oder vegan ernährt werden, können gut gedeihen, solange ihre Nahrung ausreichend Energie und Nährstoffe für das Wachstum enthält. Eisen ist ab dem 6. Monat besonders wichtig. Nusspasten (wie Erdnussbutter), Avocado, Vollkornprodukte, Tofu, gesunde Fette und Öle sind eine gute Wahl. Getreide und grünes Blattgemüse sind ebenfalls wichtig. Wenn du vorhast, dein Baby vegan oder vegetarisch zu ernähren, solltest du mit einem anerkannten Ernährungsberater oder Kinderarzt sprechen, bevor du damit beginnst.

Ab wann kann ich Wasser anbieten?

Solange ein voll gestilltes oder mit der Flasche gefüttertes Baby reichlich Milch bekommt, braucht es kein zusätzliches Wasser trinken. Sobald dein Baby ausreichend feste Nahrung zu sich nimmt, muss es zusätzlich Wasser bekommen.

Etwas Trinkwasser kann in einem Becher zu den Mahlzeiten angeboten werden. Die Hauptmenge sollte nach dem Essen, wenn das Baby satt ist, oder zwischen zwei Mahlzeiten gereicht werden.

Let´s roll – Sich drehen lernen

Manche Babys beginnen bereits im Alter von vier Monaten sich zu drehen. Zunächst wiegen sie sich von einer Seite zur anderen. Diese Bewegung ist die Grundlage, um sich auf den Bauch zu drehen. Sie können sich vielleicht auch schon vom Bauch auf den Rücken drehen. Im Alter von sechs Monaten rollen sich Babys in der Regel in beide Richtungen.

Der erste Schritt zur Mobilität

Das Rollen ist nicht nur der erste Schritt zur Entwicklung der Haltungskontrolle (wichtig für die spätere Entwicklung der Feinmotorik, z.B. des Schreibens), sondern es ist genauso wichtig für die Aktivierung des Teils im Gehirn, der für die Koordination der linken und rechten Körperhälfte verantwortlich ist.

Dies wiederum ist die Voraussetzung für die Entwicklung höherer motorischer Fertigkeiten wie das Lesen und Schreiben.

Die Phasen des Drehens

Im Durchschnitt rollen sich Babys zwischen zwei und fünf Monaten erstmals vom Bauch auf den Rücken, zwischen vier und sechs Monaten vom Rücken auf die Seite und zwischen fünf und acht Monaten vom Rücken auf den Bauch.

Die Grundlagen schaffen

Nutze Momente, in denen du dein Baby zum Windeln wechseln oder zum Spielen hinlegst, um mit ihm eine kleine Übungsrolle zu machen.

Und so geht das:

Nutze beim Ablegen eine sanfte seitliche Drehbewegung, in der zuerst der Po, dann seine Seite und schließlich der Kopf auf die Unterlage gerollt werden. Es wird automatisch versuchen, seinen Kopf daran zu hindern, aus der Linie mit seinem Körper zu fallen (ein Reflex, mit dem Babys geboren werden), wodurch die Muskeln an den Seiten seines Halses gestärkt werden.

Drehe es dann vorsichtig auf den Rücken. Das muss nur ein paar Sekunden dauern. Übertreibe es nicht.

Mit dieser Bewegung kann es auch üben, sich mit dem Arm gegen den Boden zu drücken. Kehre diese Bewegung einfach um, wenn du das Baby hochheben willst. Achte darauf, dass du dies auf beiden Seiten tust, um es im Gleichgewicht zu halten.

Vermeide Zeit in Babygeräten

Babys können neue motorische Fähigkeiten nur durch Erfahrung, Übung, Versuch und Irrtum entwickeln.

Babygeräte wie Babyschaukeln, Sitzwippen und Türhopser usw. scheinen vermeintlich hilfreich für vielbeschäftigte Betreuer und unzufriedene Babys zu sein. Wir wollen jedoch nicht, dass Babys den Großteil ihrer wachen (und schlafenden) Stunden in Räumen und Geräten verbringen, die sie daran hindern, ihre neuen und aufregenden motorischen Fähigkeiten zu üben.

Spielmatten, auf denen sie Spielzeug und Farben über und neben sich betrachten können, sowie taktile Reize wie Rasseln und knisternde Stoffe sind großartig. Denke aber daran, dass Babys leicht überreizen können, also halte die Ohren offen für den Laut „Heh“.

Viel Zeit auf dem Bauch

Alle wichtigen motorischen Fähigkeiten eines Babys entwickeln sich in der Bauchlage.
Die Zeit, die das Baby auf dem Bauch verbringt, hilft ihm, die Nacken- und Rückenmuskulatur zu stärken, die es braucht, um sich gegen die Schwerkraft zu wölben und schließlich zu rollen. Meist heben Babys mit zwei Monaten ihren Kopf während der Bauchlage vollständig vom Boden ab, stemmen mit zwei bis vier Monaten ihre Brust vom Boden hoch und tragen mit vier bis sechs Monaten ihr Gewicht auf den Händen.

Zeit zum „Rocken“

Sobald sich dein Baby in der Bauchlage wohlfühlt und seine Brust vom Boden abheben kann, wird es wahrscheinlich anfangen, seinen Körper hin und her zu schaukeln.

Es kann Stunden oder Wochen dauern, bis es zum ersten Mal zur Seite kippt, aber die Tatsache, dass es übt, sein Gewicht von einer Seite zur anderen und von vorn nach hinten zu verlagern, ist großartig. Für manche Babys, die Schwierigkeiten haben, das Rollen zu lernen, ist die Gewichtsverlagerung der Schlüssel.

Bleibt dein Baby stecken?

Manchmal scheinen Babys in dieser hochgestemmten Position „festzustecken“ und können ihr Gewicht nicht zur Seite verlagern, oder fühlen sich dabei unwohl.

Du kannst es mit langsamen, sanften Bewegungen von einer Seite zur anderen führen, während es sich nach oben stemmt und du ein Lied wie „Auf der Donau wollen wir fahren“ singst. Hilf ihm dann am Ende des Liedes, sein Gewicht gerade so weit auf die Seite zu verlagern, dass es die Rolle selbst beenden kann.

Auch Spielzeit auf dem Rücken ist wichtig

Das Spielen auf dem Rücken ist genauso wichtig wie das Spielen auf dem Bauch, vor allem, wenn das Baby die Möglichkeit hat, sich in eine gerundete oder geduckte Position zu begeben und diese wieder zu verlassen.
Wir möchten, dass Babys ein gutes Gleichgewicht zwischen Streckung (die „gewölbte“ Position, die sie in der Bauchlage lernen) und Beugung (die „angezogene“ Position, die sie beim Spielen auf dem Rücken lernen) entwickeln, während sie wachsen und neue motorische Fähigkeiten erlernen. Wir wollen nicht, dass eine Position die andere verdrängt. Spielzeit auf dem Rücken kann auf jeder ebenen Fläche stattfinden – sogar auf deinem Schoß.

Lass es Zeit auf der Seite verbringen

Du kannst Spielzeug, Spiegel oder Bücher verwenden, um das Baby für in die Seitenlage zu begeistern. Wenn es jünger ist, braucht es vielleicht Hilfe, um auf der Seite zu bleiben. Wenn es sich auf der Seite wohler fühlt, versuche, sein Lieblingsspielzeug oder Gegenstände außerhalb seiner Reichweite zu platzieren. Es wird beginnen, sein oberes Bein auf dem Boden abzustützen und sich schließlich auf den Bauch rollen!

Das ist noch nicht alles

Sobald dein Baby sich erfolgreich rollt und seine ersten Erfahrungen mit mehr Mobilität gemacht hat, wird es immer mehr den Drang danach haben.

Schon bald wirst du beobachten können, wie es sich selbst umdreht, loskrabbelt, in die Sitzposition kommt, sich hochzieht und aufsteht, bis es am Ende seinen ersten magischen Schritt macht. Die Grundlage für all diese Bewegungen liegt in der Muskelkraft, die es durch das Rollen aufbaut. Viel Spaß dabei!

Verschenke das Dunstan Wissen an werdende Eltern, Großeltern oder Babysitter!

Nutze die landesweiten Präsenzkurse, den Online-Kurs oder Geschenkgutschein!

Kurse für werdende oder frischgebackene Eltern und Großeltern bieten alle unsere anerkannten, lizenzierten Dunstan Babysprache Kursleitungen sowie geschulte Hebammen, Doulas oder Kliniken im gesamten deutschsprachigen Raum an.

Die Kontakte findest du unter:
www.dunstanbabysprache.com

Du kannst auch Einzel-Coachings oder unseren aufgezeichneten Online-Kurs buchen, den du ebenfalls unter obiger Webadresse findest. Wir wünschen dieses Eltern-Grundwissen zu den reflexbasierten, angeborenen Dunstan Babylauten jedem, der ein neugeborenes Baby achtsam begleiten möchte.

Unser Team unterstützt dich und deine Familie sehr gern auf diesem bindungs- und bedürfnisorientierten Weg mit der Dunstan Babysprache.

Du kannst uns auch direkt kontaktieren unter:
info@dunstanbabysprache.com.

Der kompakte, flexible Dunstan Babysprache Online-Kurs

- 95 Minuten Videomaterial mit Übungsvideos und Quiz
- unverzichtbares Eltern-Grundwissen in 8 umfangreichen Modulen
- vielfältige Praxistipps und passende Beruhigungstechniken zu jedem der fünf Laute
- Bonusmaterial:
  - das Dunstan Babytagebuch für eine bedürfnisorientierte Routine
  - praktische Lautübersicht
  - Kurz-Guide für bewährte „Anti-Bauchweh“ Techniken

Möchtest du deiner Familie, Paten, in Elternzeit oder Karenz gehenden Kollegen einen Kurs schenken?

Dann wende dich an eine regionale Kursleitung oder nutze unseren im Shop der obigen Homepage erhältlichen Geschenkgutschein für den aufgezeichneten Online-Kurs.

Dieser kann im eigenen Tempo bequem von daheim absolviert und zum wiederholten Nachschlagen der Laute und Tipps genutzt werden.

Werde Teil des globalen Dunstan Babysprache Netzwerkes

Hast du selbst Interesse, Kurse zur Dunstan Babysprache zu leiten und bist begeistert davon, dieses grundlegende Elternwissen weiterzugeben? Dann lass dich ausbilden!

Du kannst die Dunstan Laute dann in deinem Job als Hebamme, Doula, Arzt oder Säuglingsschwester nutzen, sie in deinen Geburtsvorbereitungs- oder Säuglingspflegekursen oder in deine Still-, Trage-, Windelfrei- und Schlafberatungen usw. integrieren und sowohl Einzelcoachings als auch Gruppenkurse leiten.

Unterstütze Eltern in deiner Region

Mit dem Wissen um diese Laute kannst du Eltern helfen, den Grund des Weinens ihres Babys rasch zu verstehen und zielgerichtet zu handeln – für einen entspannten Familienalltag. Dunstan Babysprache ist eine einzigartige, natürliche Methode, um Familien mit Säuglingen bedürfnisorientiert zu begleiten und zu beraten. Hole dir dieses wertvolle Wissen für deine berufliche Weiterqualifikation in unserer Ausbildung und komm zu uns ins Team!

Wir freuen uns stets über weiteren Zuwachs! Informationen und Termine findest du hier:

www.dunstanbabysprache.com

Ausbildungskontakt für Deutschland, Österreich und die Schweiz:

Frau Vivian König
c/o Zwergensprache GmbH
Schkeuditzer Str. 10
D-04420 Markranstädt
Tel.: +49 (0)34205 45078
E-Mail: info@dunstanbabysprache.com
Instagram: dunstan_babysprache
Facebook: DunstanBabysprache

Herzlich Willkommen in der Welt der Dunstan Babysprache wünscht dir auch das internationale Ausbilderinnen-Team!

Die Dunstan Babylaute und die Marke „Dunstan" sind urheberrechtlich geschützt. Für die australische Muttergesellschaft Dunstan Baby Pty Ltd aus Sydney bieten lizenzierte National Trainer bereits in mehreren Ländern die Ausbildungen in der jeweiligen Landessprache an und sind als Länderleitungen für Kooperationen und das regionale Kursleitungsnetzwerk zuständig. Auch dieses Team wächst beständig weiter und ist momentan nicht nur im deutschen Sprachraum zu finden, sondern auch in Holland, Belgien, Frankreich, Rumänien, Israel, Japan, China, Australien und Singapur und weiteren Ländern.

Verständigung im Handumdrehen

Kommunikation mit deinem Kind ab etwa sechs Monaten bis ins zweite Lebensjahr

Gerade war dein Baby noch ein Neugeborenes und bald ist es schon ein halbes Jahr auf dieser Welt. In dieser Zeit habt ihr euch besser kennengelernt und eine Herzensverbindung zueinander gefunden.

Dein Baby konnte in seinen ersten Lebensmonaten dank der angeborenen Reflexlaute seine wichtigsten Bedürfnisse äußern und sich von dir gesehen und verstanden fühlen, wenn du rasch und einfühlsam darauf reagiert hast.

Im natürlichen Prozess seiner Weiterentwicklung werden sich nun ab dem Alter von vier bis sechs Monaten manche seiner Reflexe langsam abbauen, wie z.B. der Saugreflex zugunsten des Schluckens fester Nahrung, und damit verschwinden oft auch die Laute – in diesem Fall „Neh" – langsam.

In dieser Zeit wandelt sich auch Babys Kommunikation durch die angeborenen, jedoch unbewussten Dunstan-Laute hin zu einem bewussteren, wachen Austausch mit seiner Umwelt. Manche Babys erzeugen in dieser Phase die Bedürfnislaute bewusst weiter. Bei anderen Kindern können sich die Laute verlieren, und sie suchen nach anderen Wegen, um mit dir zu kommunizieren.

Bis zu den ersten gesprochenen und verständlichen Worten werden allerdings noch viele Monate ins Land gehen. Dennoch möchten sich alle Babys und Kleinkinder mitteilen und über das „reden", was sie mit wachen Sinnen tagtäglich erleben, entdecken oder brauchen.

Um in diesem Prozess einen sanften, kindgerechten Übergang zu finden, möchten wir dir die Babyzeichen der Zwergensprache ans Herz legen. Da sich die Handmotorik bei Kindern deutlich früher entwickelt als die Mundmotorik zum Sprechen, könntest du deinem Kind nun mit einfachen Handgesten und Gebärden Sprache sprichwörtlich in die Hand legen.

Diesen Weg nutzen wir intuitiv beim Winken zum Abschied, Klatschen für Bravo oder die Hand hinters Ohr legen für „horch" und vielem mehr. Damit werden nicht nur unsere gesprochenen Worte fürs Baby leichter verständlich, eine Handvoll weiterer solcher konkreten Zeichen ermöglichen ihm selbst von klein auf Mitsprache und einen Austausch auf Augenhöhe.

Eine solche spielerische Verständigungsmöglichkeit vor dem Sprechbeginn, die quasi im Handumdrehen gelingt, zaubert ein Strahlen in Babygesichter, wenn diese sich verstanden fühlen, und schafft Entspannung und Zufriedenheit auf beiden Seiten!

Hier findest du weitere Infos, Bücher, Elternstimmen und Kurse:

www.zwergensprache.com

Elternratgeber & Babyzeichen-Sammlungen

Neben einem Kursbesuch in den Eltern-Kind-Gruppen oder den Eltern- bzw. Fachpersonal-Workshops zur Zwergensprache stehen dir diese Begleiter zur Seite, um in die spielerische Welt der Babyzeichen & Kindergebärden für eine gelingende Verständigung mit deinem Kind in seinen ersten Lebensjahren einzutauchen:

- Was dein Baby dir sagen möchte (ISBN: 978-3-86910-642-7)
- Babyzeichen-Basics (ISBN: 978-3-99002-127-9)
- Kleines Wörterbuch der Babyzeichen (ISBN: 978-3-9812004-4-7)
- Das große Buch der Babyzeichen (ISBN: 978-3-9810709-7-2)

Zwergensprache App & Onlinekurs

- App „Babyzeichen Zwergensprache“
- Onlinekurs „Basics der Babyzeichen“

Zum Zwergensprache Onlinekurs

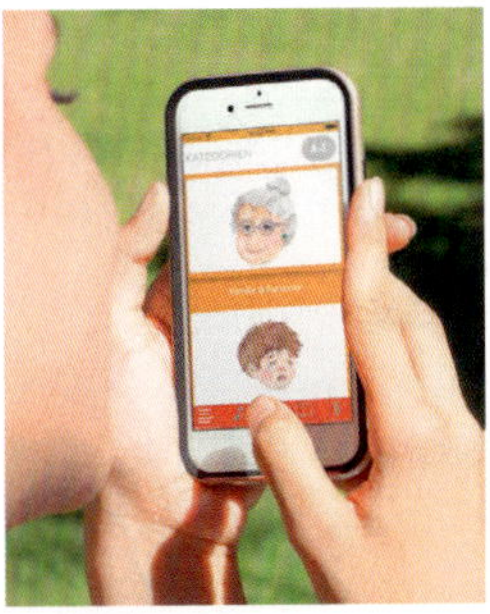

Hier geht es zum Onlineshop des Zwergensprache Verlages:

Kindergebärden-Plakate

Wichtigste Starterzeichen
(ISBN: 978-3-0003059-6-2)

Tierzeichen
(ISBN: 978-3-9815805-0-1)

Pappbilderbuch-Reihe: „Mit Babyzeichen die Welt entdecken“

- Fahrzeuge in allen Farben (ISBN: 978-3-9815805-7-0)
- Tiere im Wald (ISBN: 978-3-9815805-4-9)
- Tiere auf dem Bauernhof (ISBN: 978-3-9815805-6-3)
- Tiere im Garten (ISBN: 978-3-9815805-3-2)
- Tiere aus dem Zoo (ISBN: 978-3-9815805-5-6)

Bildnachweis

Coverbild vorn: Penny Gentieu
Coverbild hinten: Chris Anderson, Unsplash

Seite 1 Penny Gentieu
Seite 5 Dunstan Baby Pty Ltd.
Seite 7 Masood Aslami, Pexels
Seite 11 Damir Spanic, Unsplash
Seite 14 Hu Chen, Unsplash
Seite 16 FamVeld, iStock
Seite 16 Tatyana Tomsickova, iStock
Seite 16 madeformums
Seite 21 Hessam Nabavi, Unsplash
Seite 24 Marcin Jozwiak, Unsplash
Seite 25 Karniewska, Adobe Stock
Seite 25 Zilvergolf, Adobe Stock
Seite 25 Karniewska, Adobe Stock
Seite 29 Sarah Norris
Seite 29 Sarah Norris
Seite 29 Taras Grebinets, iStock
Seite 29 Jandrie Lombard, iStock
Seite 34 Kelly Sikkema, Unsplash
Seite 35 Jonathan Borba, Unsplash
Seite 38 Craig Adderley, Pexels
Seite 39 Enrique Hoyos, Pexels
Seite 40 Oksun70, iStock
Seite 40 Tatyana Tomsickova, iStock
Seite 42 Tatyana Tomsickova, iStock
Seite 42 Petrunjela, iStock
Seite 43 Yan Ots, Unsplash
Seite 44 lolostock, iStock
Seite 44 Ruslan Dashinsky, iStock
Seite 45 Jovanmandic, Getty Images
Seite 46 Jonathan Borba, Unsplash
Seite 47 Goda Morgan, Pexels
Seite 50 Halfpoint, iStock
Seite 51 Sarah Chai, Pexels
Seite 53 Dakota Corbin, Unsplash
Seite 54 Irina Murza, Unsplash
Seite 57 Jonathan Borba, Unsplash
Seite 58 Chris Anderson, Unsplash
Seite 59 Nathan Dumlao, Unsplash
Seite 62 Layland Masuda, Getty Images
Seite 63 Isaac Quesada, Unsplash
Seite 65 Tim Bish, Unsplash
Seite 66 Ginny Rose Stewart, Unsplash
Seite 68 Rachel McDermott, Unsplash
Seite 70 Nathan Dumlao, Unsplash
Seite 71 William Fortunato, Pexels
Seite 72 Kelly Sikkema, Unsplash
Seite 73 Vitolda Klein, Unsplash
Seite 74 Angela Duxbury, Unsplash
Seite 75 Hollie Santos, Unsplash
Seite 76 Zoia Kostina, Shutterstock
Seite 77 Dakota Corbin, Unsplash
Seite 78 Polina Strelkova, iStock
Seite 79 Lau Yan Wai, Getty Images
Seite 81 Vitolda Klein, Unsplash
Seite 84 Dmitrii Guldin, iStock
Seite 87 Forsiba, iStock
Seite 91 Phong Duong, Unsplash
Seite 94 Zwergensprache GmbH
Seite 95 Zwergensprache GmbH
Seite 96 Zwergensprache GmbH
Seite 97 Zwergensprache GmbH
Seite 98 Zwergensprache GmbH